LES PROMENADES

ET

RENDEZ-VOUS

DU PARC

DE

VERSAILLES.

PREMIERE PARTIE.

LES PROMENADES

ET

RENDEZ-VOUS

DU PARC

DE

VERSAILLES.

PREMIERE PARTIE.

A BRUXELLES.

Et se trouve à Paris,

Chez { MUSIER Fils, Quai des Augustins;
DUCHESNE, rue Saint Jacques,
au Temple du Goût.

M. DCC. LXII.

LES
RENDEZ-VOUS
DU PARC
DE
VERSAILLES.

A BRUXELLES.

M. DCC. LXII.

LES
RENDEZ-VOUS
DU PARC
DE
VERSAILLES.

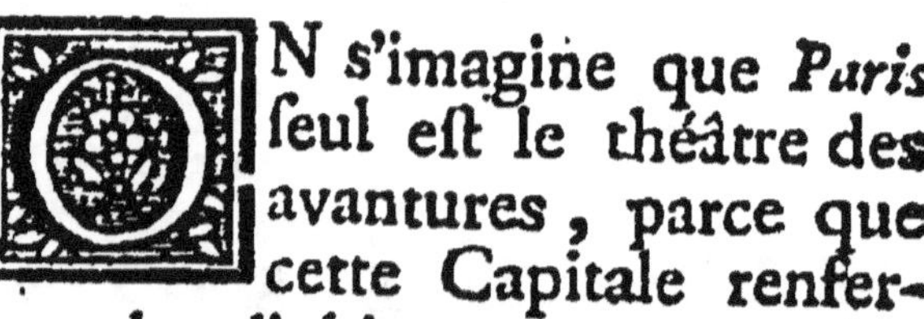

O N s'imagine que *Paris* seul est le théâtre des avantures, parce que cette Capitale renferme plus d'objets propres aux intrigues, & qu'elle nous présente surtout l'indépendance de l'esprit, & la licence des mœurs. Les Soirées du Bois de Boulogne, les parties liées du Parc de

Saint-Cloud, les Promenades
des Thuilleries, l'émail brillant
du Jardin du Palais Royal, les
retraites sombres du Luxem-
bourg, font autant de Temples
confacrés à l'Amour, qui renfer-
ment fans ceffe des Adorateurs
occupés du foin de fes autels.
Que d'importans fainéans que
ces myfteres occupent fous le
titre de bel-efprit ! que d'imbé-
ciles faftueux fous le titre de ga-
lanterie en font les dupes ! que
de Libertins fous le titre d'agréa-
bles en font les victimes !

Enlevez Paris à ces fortes de
gens, ou enlevez-les à Paris, ce
qui eft plus facile ; confinez-les
en Province, ils defféchent, ils
languiffent, & meurent de con-
fomption.

Il eft vrai qu'en Province il y
régne une monotonie fatiguante;
les plaifirs ne font que des amufemens, encore font-ils fimples

& jamais variés. Le jeu, le vin & la table sont les plaisirs périodiques de la Province ; l'Amour y est toujours craintif & languissant ; on le traite sur le ton d'amitié, l'amitié sur le ton de connoissance, & la connoissance sur le ton de l'uniformité ; les Provinces fournissent cependant des avantures plus naturelles à la vérité. La coquetterie en Province pour être moins rafinée, n'en est pas moins le foible des femmes, l'événement qui en sera le fruit, pour n'avoir point cet air du tendre, ce coloris du bel-esprit, ce vernis du sentiment, n'en sera pas moins une avanture qui mérite nos attentions ; l'art est pour Paris, la nature reste aux Provinces. A Paris le caprice décide, en Province le cœur s'attache ; mais pour rendre ce tout égal dans mon récit, tirons l'Amour de la Province, & que l'art de Paris serve de pinceau.

J'étois moi - même dans cette erreur de nos *Badauts* de Paris, mes chers Compatriotes , au point de ne pouvoir m'imaginer qu'on pût penser, à moins de sçavoir son Paris par cœur ; lorsqu'une affaire d'une très-grande importance pour moi me fit quitter Paris pour courir à Versailles. Je ne croyois pas à la vérité que cette petite Ville , la résidence de nos Rois, fût aussi Ville de Province que la plus éloignée. J'y avois déja fait quelques petits voyages aux Fêtes de la Pentecôte , à celles de saint Louis , & dans ces petits intervales de vacances , où décemment il n'est point permis de se montrer à Paris ni aux Promenades, ni aux Spectacles, parce qu'on est censé *être ou devoir être à ses terres* , c'est le ton de la bonne compagnie. Le Provincial rira de mon expreſſion, mais qu'eſt-ce qu'un Provincial?

Dans ces tems d'inaction, Verſailles fourmille des fainéans de Paris, on ne voit dans les Jardins, dans le Parc de Verſailles, dans les appartemens qu'un flux & reflux d'étourdis curieux qui voyent tout d'un coup d'œil ſans rien appercevoir, & qui jugent ſans avoir conſidéré; de façon qu'à la lettre, ces Spéculateurs ont été à Verſailles & n'ont jamais connu Verſailles. C'eſt ſur ce ton que j'avois décidé de Verſailles, je m'imaginois cependant qu'hors ces jours d'affluence, j'y trouverois aſſez de monde pour n'avoir point lieu de regretter Paris, qu'au moins ſi je ne m'y amuſois pas, je n'aurois point à m'y ennuyer. Je croyois plus, enchanté de ces retraites que la volupté a dreſſé en faveur de l'amour dans toutes les parties de ces Jardins que l'art ne ceſſe d'embellir, je ne tarderois point à me procurer quelques amuſemens capables de me dédommager des plaiſirs de Paris. Je partis réſolu de ne point quitter Verſailles qu'après la réüſſite de mon affaire ; je me tins parole, je ſuis demeuré dans cette Ville un an entier, j'ai réüſſi, mais m'y ſuis-je amuſé ? Le Lecteur en décidera.

Pénétré encore de ce miſérable préjugé que Paris ne ceſſe d'inſpirer, contre la dureté & la hauteur des gens en place, je tremblois de me préſenter, & de rendre ma ſuplique au Miniſtre. Quel fut mon étonnement, de voir chez lui un cercle ſans ceſſe groſſi qui entouroit ce Miniſtre diſpenſateur de la grace qui m'amenoit auprès de lui ; quel fut mon étonnement, dis-je, d'entendre ce Miniſtre parler d'un air ouvert, rendre raiſon à chacun & de la

grace accordée, ou du refus qu'il
en faisoit ; quelle bonté, dis-je à
quelqu'un ! la recommandation
est ici inutile, tout s'accorde au
mérite.

Mes craintes pour lors se dissi-
pérent, un air aisé me saisit, mon
cœur se dilata, & j'approchai en
présentant mon placet ; le Ministre le lut, & d'un ton plein d'a-
ménité me dit : Si vous méritez
la grace que vous me demandez,
vous l'aurez sûrement, je m'en
ferai rendre compte. Je me retirai enchanté d'un accueil aussi
charmant, je pestai contre les
préjugés de Paris, & Versailles
est pour moi le Paradis terrestre.

On m'avoit instruit qu'il falloit
aller au Bureau où mon Mémoire seroit envoyé, & du nom du
Chef auquel il seroit remis, afin
de solliciter auprès de lui l'expédition des ordres qu'il auroit
reçus. Le lendemain je m'acquit-

tai de ce devoir. Quelle fût ma
surprise de voir de mes propres
yeux cette célérité des promesses
du Ministre ! ce Chef de Bureau
me dit en entrant après lui avoir
décliné mon nom, que le Ministre
lui avoit renvoyé dès le soir le
Mémoire que je lui avois présenté le matin, & qu'il alloit procé-
der à l'instruction des faits ; il
ajouta que cette instruction pourroit être longue, & m'engagea
à la patience avec une politesse &
un charme d'expressions qui mit
le comble à l'anéantissement de
mes préjugés ; l'instruction en effet fut très-longue, elle me força
de résider un an entier, mais j'ob-
tins ma grace sans aucune protection & très-peu de sollicita-
tion : quand on reüssit le tems
n'y fait rien.

Que peuvent opposer ces pi-
liers de Caffé qui vantent leurs
services & crient après l'injustice,

ne rendant point compte de la
juftice qu'on leur a rendu en leur
refufant l'objet de leur fauffe
demande , me difois-je en moi
même : je prétens les fronder à
mon retour à Paris.

Ce n'étoit pas feulement cette
célérité qui m'enchanta , ce fut
encore l'air affable , prévenant &
poli du Chef du Bureau ; ce furent encore ces fentimens d'une
fage éducation , cette délicateffe
même qui regnent fur toute la
phifionomie des Employés ; ce
fut ce ton d'union & d'affabilité
avec lequel ils vivent entre eux ;
ce fut enfin ce fecret inviolable-
ment confervé, quoique dépofé
és mains de tant de perfonnes &
de caractéres fi différens.

Dans ce moment d'extafe , je
bannis de mon cœur toute crainte & toute follicitude ; je ne
m'occupai que du plaifir intérieur que cette riante difpofition

procuroir à mes efprits, & j'allaſ
dîner à mon Auberge dans l'intention d'examiner les liaiſons
que je pourrois former. Je ne
connoiſſois pas Verſailles, &
n'avois plus le ſecours de mes
bons amis de Paris ; auſſi en dî-
nant je m'informai de la conduite générale de cette Ville. Les
Officiers du Château, me dit
une eſpéce de Robin aſſez dur &
groſſier, ſont à leurs ſervices, les
Commis à leurs emplois, les femmes au jeu, point de promenades, peu de converſation. Si vous
êtes, ajouta-t-il, pour quelque
tems ici, faites proviſion de patience, & au bout de votre
épreuve vous vous en retourne-
rez l'eſprit fatigué, le cœur na-
vré, la bourſe vuide, & vos eſpé-
rances perdues. Je vis au diſcours, & plus encore à ſon air
courroucé & à ſon geſte mena-
çant, qu'il étoit un de ces mécon-

tens dont j'ai parlé ; je me tus, le laissai crier, & j'achevai de dîner.

J'ai eu lieu par la suite de m'appercevoir qu'il est très difficile en effet de se former des liaisons, & de n'y pas éprouver ce que m'avoit dit mon barbare Robin ; les Officiers du Château sont continuellement occupés de leurs services, les Commis de leurs devoirs, & ce nombre de personnes qu'on peut appeller la bonne compagnie de Versailles, comme elle l'est également ailleurs, fait la société la plus nombreuse de cette Ville, mais ils ne peuvent affecter de liaison particuliere ; les femmes sont comme dans toutes les Provinces adonnées au jeu. Au surplus, les caractéres y sont naturels, la politesse y est aisée, la compagnie y est sur le bon ton. C'est une justice que je dois rendre à tous ceux qui m'ont fait l'honneur de

me recevoir chez eux, c'est même
un devoir de reconnoiſſance dont
je m'efforce ici de rendre le témoignage le plus conſtant.

Au ſortir de table je viſitai les
Caffés. Je n'y vis rien de remarquable, ni rien qui pût me fixer
à former la moindre liaiſon ; chacun ne pouvant penſer qu'à ſoi-
même, eſt dès-là indifférent
aux autres ; je quittai ce lieu public, & tournai mes pas du côté
du Château.

Me voilà enfin ſur la Terraſſe ;
je l'avouerai ! cette vaſte étendue
de terrein quoique ſuperbement
ornée me parut une ſolitude, telle, qu'elle me jetta du noir ſur la
phiſionomie : pas une ame ! de
quel côté que je jette les yeux,
pas un chat ! la raiſon quoique
venue au ſecours ne put me rendre ma premiere gayeté ; j'avance
cependant, & parvenu au milieu,
je parcours des yeux ce Parterre

superbe, ce vaste tapis verd, cette étendue d'eaux renfermées côme dans un vase, ce lointain préparé par l'art & que l'œil peut à peine atteindre ; enfin ce tout ensemble que je n'avois jamais fixé dans mes précédens voyages me charma, & fit éclipser mon chagrin naissant. Dès le moment je pris la résolution d'examiner ce tout par détail. Qu'on n'attende point de moi que je fasse ici la description de ces beautés de détail, je la renvoye aux Dictionnaires, Livre d'usage qui fournit actuellement à Paris l'art de penser ; d'ailleurs il faut voir ces objets par soi-même ; la description en est toûjours languissante.

Le croiroit-on ? je fus deux mois entiers à m'occuper de ce détail, sans sentir le moindre vuide dans mon cœur ; mais cet examen fait, me voilà retombé dans ma mélancolie. Un jour occupé de mes rêveries, j'apperçus dans un bosquet une douzaine environ de personnes assez bien mises, dont l'air & la phisionomie m'annonçoient une rencontre heureuse. A mesure que j'avançois, je vis un d'entre eux qui me fixoit ; à peine avancé à sa portée, il se détacha du groupe, vient à moi à bras ouverts, & m'embraffa très - étroitement ; pour moi qui le cherchois dans mon imagination pendant cette convulsion affectueuse sans pouvoir le trouver, je restai fort sérieux. Quoi, me dit-il, vous ne me remettez pas ? non en vérité, M. lui répondis-je, où ai-je donc eu l'hôneur de me concilier une si vive amitié ? Au caffé de Procope, me repliqua - t'il sur le champ. Hélas ! M. lui repartis-je auffitôt, j'en vois tant tous les jours dans ce lieu public & de tant de façons que je n'en reconnois aucun,

Lui

Lui sans me donner le tems de m'expliquer m'interrogea ; auriez-vous des affaires ici...... Je connois Madame la Duchesse * * * le Ministre de * * * M. le Dauphin me fait l'honneur de me considérer. Tous les jours l'hiver je passe les soirées à l'Œil de bœuf, c'est à qui des Seigneurs de la Cour m'honorera de sa conversation,..... mais avez-vous vû les bosquets fermés...... gage que non...... hier Madame la Marquise de.... m'a prêté sa clef, j'allois la lui remettre quand j'ai rencontré ce groupe de Nouvellistes.... vive la taverne de Procope..... ici ils ne sçavent point disserter, ce sont des ignorans.......Mais à propos voulez-vous venir voir les bosquets?..... & me prenant par la main, il m'entraîna, où à la vérité je désirois aller. La Marquise se fâchera..... mais entre

B

nous je sçai le moyen de faire
ma paix. Je suivis mon étourdi &
je vis les bosquets. A peine finis-
sions-nous cet examen, que mon
conducteur tira sa montre.....
peste, dit-il, il est déjà huit heures
& demi..... Vous n'avez pas vû
sans doute le grand couvert, car
il faut y être connu sur un certain
ton pour y entrer ; allons suivez
moi : je suivis ma protection ,
nous montons d'un pas leste &
nous arrivons à la porte de la
salle ; cet Homme m'annonce &
décline son nom ; mais malheu-
reusement il ne fut point reconnu, & la porte se ferma assez brusquement sur nous. Mon Preco-
pin jura, pesta, je poursuivis
mon chemin & laissai cet illustre
f consoler tout seul sur la force
de son amour-propre, onques
depuis je ne l'ai rencontré.

Quelques jours après je fus
bien dédommagé de la perte de

ce fanfaron, je trouvai le long
de la piéce d'eau du Dragon un
autre groupe d'hommes qui pa-
roissoient s'amuser de quelque
récit que l'un d'eux faisoit ; je
cherchois déjà quelque prétexte
pour me produire à cette compagnie qui me parut assez bien com-
posée ; je passois déjà très-lente-
ment à côté d'elle, lorsque je re-
connus l'un d'entre eux. Je l'abordai ; il me reconnut de son côté,
me traita avec amitié, & lui ayant
appris que je serois quelque tems
à Versailles, je lui fis part que
je serois charmé de rencontrer
quelqu'homme sensé avec lequel
je pus me former une liaison. Sur
le champ il me présenta à sa compagnie, qui m'agréa à sa suite ; je
ne voulus pas par décence inter-
roger sur ce qui fournissoit à la
compagnie cette joye dont elle
respiroit encore la douceur ; on
s'apperçut de ma curiosité emba-

B ij

rassée, & mon ami me dit, qu'il étoit de convention entre ces Messieurs de n'admettre parmi eux que des gens sages, polis & sociables, & d'en bannir tous les gens durs, barbares, médisans, calomniateurs, ignorans & grossiers ; & que pour n'avoir point lieu de s'ennuyer sans médire de personne ni parler d'affaires d'Etat, ils s'occupoient tous les jours à se raconter une histoire du *cru* de Versailles ; de sorte que celle que leur racontoit l'Orateur du jour leur avoit fait un plaisir sensible. La phisionomie de l'Orateur me prévint en sa faveur, il s'appelloit *Demargue*. C'étoit un grand homme bien facé, ancien Officier du Château, & fort considéré ; il avoit la candeur peinte sur son visage, de fort beaux yeux, un air ouvert, une élocution facile : ce tout ensemble soutenu d'une délicatesse de

sentimens & d'un penchant naturel à rendre service ; j'en ai fait
depuis ce tems mon ami intime,
& je n'ai jamais eu lieu de m'en
repentir. Celui-ci étoit particuliérement lié avec deux autres
anciens Officiers du Roi d'un
caractere opposé , & cependant
très-unis ; le premier étoit grave, sérieux, ne parlant que par
poids & mesures , examinant
tout & ne donnant aucune prise
sur lui ; il s'appelloit *Recimer* :
l'autre au contraire d'un caractere vif , aimable , visage ouvert, aimant la bonne société &
le plaisir, il s'appelloit *Muscale.*
Voilà les trois de cette compagnie avec lesquels je me liai plus
particulierement. C'étoit ce dernier qui avoit déridé toute cette
sérieuse compagnie par l'histoire
qu'il venoit de leur raconter, au
commentaire de laquelle ils pro-
cédoient quand je les abordai.

Ces Meſſieurs me propoſerent
enſuite de m'initier à ces inno-
centes converſations à la charge
d'y jouer le même rôle, cependant qu'ils me donneroient le
tems comme nouveau venu d'é-
prouver quelque évenement de
Verſailles pour me donner lieu
d'entrer en lice, ne voulant point
rompre l'article de leur ſtatut,
qui vouloit que l'hiſtoire racontée fût du *cru* de cette Ville. Je
répondis à leur politeſſe avec
les actions de grace qu'elle méritoit, & je les aſſurai que je
pourrois inceſſamment leur en
raconter de celles que j'aurois
appris à Paris, & qui ont été mi-
ſes ſur le compte de Verſailles,
qu'ils ſeroient en état d'en juger.
Cela eſt bon, dit *Recimer*. Mais,
ajoûta *Muſcale*, il faut faire ici
votre apprentiſſage, & comme
novice nous vous prions de
commencer par une avanture de

ce pays-ci qui vous soit perſonnelle : hé ! M. lui dis-je, en ce cas je ſerai longtems auditeur bénevole, il ne me paroît pas qu'il m'arrive jamais d'avantures dans un pays où je ne connois perſonne, & dans ces Jardins où je n'ai encore rencontré que deux Compagnies, une premiere il y a quatre ou cinq jours où il m'eſt arrivé ce que je viens de rapporter, & la vôtre, qui eſt de fraiche datte & trop bien compoſée pour qu'il m'arrive des avantures auſſi ridicules. Ces Meſſieurs rirent beaucoup du récit que je leur fis de mon étourdi. Bon, bon dit *Guardé*, vous me paroiſſez fait de façon à n'en pas manquer, & votre acquiſition fera fortune parmi nous ; M. me dit un autre, je vais vous mettre ſur la voye des avantures galantes, nous ne nous aſſemblons ici qu'à ſept

heures du soir, prenez une heure
avant l'aſſemblée, & parcourez
les dehors du Parc du côté de
Trianon & de la Ménagerie,
ou bien à l'Iſle d'Amour, vous
trouverez des Prêtreſſes de Venus qui vous en procureront,
ce ſont des échapées du Jardin
du Palais Royal & de la rue
ſaint Honoré, que quelque mau-
vaiſe humeur d'un Commiſſaire
envoye en retraite, & le tems
paſſé, elles viennent ſe rendre
ici & débitent à leur retour à
Paris qu'elles viennent de leur
Terre. Vous les trouverez à la
vérité en négligé; mais vous ſçavez qu'à la campagne on ne brille
point comme aux Thuilleries.
Quatre à cinq promenades aſſi-
duës vous ſuffiront; voilà un bon
conſeil, repliqua *Recimer* avec ſa
gravité. Pourquoi, lui repliqua
mon Maître des Novices, avez-
vous fait un ſtatut ſi rigide? Ce
n'eſt

n'eft pas ma faute, il faut inf-
truire un nouveau venu. Ce petit
Dialogue fait avec plus d'efprit
que je ne le rends m'amufa beaucoup, & l'heure de fe retirer étant
arrivée, nous nous féparâmes
avec parole pour le lendemain à
fept heures du foir, heure des
ftatuts.

Le lendemain je n'eus rien de
plus preffé que de me conformer
aux intentions des Chefs de ma
nouvelle compagnie, & d'aller
courir les avantures ; je fortis de
chez moi à cinq heures du foir, &
traverfant les Jardins je me rendis
au Parc : ce lieu m'enchanta, la
nature fertile jointe aux charmes
de l'art préfente de tout côté un
lieu propre aux plaifirs : à peine
y trouve-t'on quatre à cinq perfonnes toutes occupées à lire ou
à faire femblant, c'eft ce que j'eus
lieu d'appercevoir par la fuite.
Aux deux côtés du canal eft une

patte d'oye qui renferme cette grande piéce d'eau que le Château domine, & qui eſt la plus magnifique qui ſe puiſſe voir. De chaque côté ces pattes forment un gazon toujours verd, ſéparé par des boſquets fort touffus ; ce ſont ces boſquets qui ſervent de temple à nos refugiées de Paris ; vous n'y entendez point comme ſur les bords de l'ancienne Theſſalie, les Elégies du malheureux Ovide, les Julies y ſont douces & traitables, la diſcrétion fait effacer de l'écorce des arbres les plaintes inutiles des Amans maltraités par l'ingratitude, & le ſilence de ces lieux annonce l'union des Amans. L'une de ces pattes conduit à Trianon, l'autre à la Ménagerie ; je me poſtai machinalement à la premiere, je la parcourus des yeux, car un objet qui ſe préſenta à ma vûe m'empêcha pour ce jour-là de paſſer plus avant. J'apperçus à ma main droire une espéce de petite Ville dont les remparts composés des charmilles du Parc empêchent la vûe de ce côté, je m'en approchai & m'informai de l'état de la chose. Vous êtes donc bien neuf, me dit un Suisse qui gardoit ce lieu, c'est ici où demeurent les matelots du Roi, Louis XIV. a formé cet établissement pour donner à sa Cour le plaisir de courir sur le Canal qui mene d'un côté à Trianon & de l'autre à la Ménagerie ; aujourd'hui que ce plaisir n'est plus si commun, le Roi se sert de ces gens pour Saint Hubert, & la Riviere de Seine qui coule aux pieds de Choisy. Et comme les gens employés à cet usage ont été d'abord tirés de Venise, on appelle cette habitation *la petite Venise* ; il y a un Commandant, un Magasin & un Garde-Magasinier. Ces gens vivent là avec leur famille, leurs mœurs y sont pures.

& les enfans bien élevés. Cette description me fit naître le désir de parcourir la petite Venise ; mon Suisse s'engagea à m'y conduire, j'en fus charmé. Il me conduisit dans les trois à quatre rues principales bordées de maisons & de jardins de chaque côté, tel qui d'un côté a sa maison a vis-à-vis & en traversant la rue une espece de grange pour travailler, & à côté est un jardin qu'il cultive. Je fus enchanté de voir les meres avec leurs filles travailler, de concert, les unes au fuseau, les autres à l'éguille, d'autres qui instruisoient leur jeunesse ; celle-ci employée aux ouvrages du ménage ; celle-là à lire ou à s'instruire dans de bons Livres. Je causai avec quelqu'unes de ces bonnes gens qui me firent entrer, je fus édifié de la propreté de leur demeure ; il n'y a pas de Religieuse qui ait un plus grand soin de sa

cellule. Dans chacune de ces
maiſons il y a deux chambres &
deux cabinets, ils ſe font des al-
côves & ſe forment de petits cabinets ; il me ſembla être tranſ-
planté dans ces habitations de
l'ancien âge d'or de nos peres,
& réaliſer à mes yeux ce que je
croyois avoir toujours été fabu-
leux. Revenu de mon extaſe, je
tirai ma montre, ſept heures
étoient déjà ſonnées, je remer-
ciai ces bonnes gens, mon bon
ami le Suiſſe, & je joignis la compagnie qui étoit déjà aſſemblée.
Mon Maître des Novices me fit
une réprimande, je racontai ma
viſite, je fûs pardonné, on prit
ſéance, & l'Orateur du jour s'annonça.

MM. nous dit l'Orateur, l'hiſtoire que j'ai à vous raconter ſera
un peu longue, mais je la cou-
perai en tant de parties que nous
pourrons la renvoyer auſſi loin

que la matiere intéreſſante par elle-même l'éxigera.

HISTOIRE DE SOPHIE.

J'ai vû il y a environ ſix mois dans un de ces boſquets fermés une femme vêtue de noir, étendue nonchalamment ſur le gazon, l'œil humide de pleurs qu'elle eſſuyoit d'une main, pendant que ſur l'autre elle tenoit appuyée une tête charmante. Ce tout enſemble me ſurprit de tendreſſe & de pitié. Ce n'eſt point un Roman que je vous raconte, c'eſt un fait réel & très-véritable; j'en déguiſerai les noms, parce que peut-être un jour vous les devez voir paroître à la Cour. A peine cette femme m'eut apperçu qu'elle me fixa, je la vis rougir. Cette ſituation d'eſprit m'embaraſſoit, cependant un ſecret intérêt dont je cherchois les motifs, m'attacha

& m'enhardit à la considérer plus attentivement. De son côté cette femme revenue de son embarras & du trouble imprévu que lui avoit causé ma subite apparition, se relevant de sa situation, me présenta obligeamment sa main, en me disant: Seroit-ce vous, mon cher Sécretaire ? A ce titre je m'avançai avec précipitation, & volant à ses genoux ; Seroit-ce bien vous, charmante Sophie ? Par quelle avanture vous trouveriez-vous ici, & dans un état de langueur & de tristesse que j'ai partagé avec vous au moment que je vous ai apperçue ? hélas mon cher Sécrétaire, me dit-elle, je suis arrivée ici depuis hier au soir ; je me cache ; je n'ai pas intérêt à me faire connoître, je viens y chercher des nouvelles de mon cher Epoux le Duc de * * * Il y a un tems infini que je n'ai reçu de ses lettres, je le crois mort ou pri-

sonnier ; d'ailleurs Madame la
Duchesse de * * * sa mere & ma
belle-mere, ma tendre & généreuse bienfaitrice, est morte il y a
trois mois, c'est d'elle dont je
porte le deuil ; tout cet ensemble
me jette dans une douleur d'esprit & un accablement qui m'ôte
l'usage de mes sens ; mon mariage avec le Duc de * * * n'est point
encore gouté par sa famille, je
n'ose y avoir recours dans cet
embarras ; j'ai donc pris le parti
de venir ici pour y découvrir
quelqu'un qui pût me tirer de
peine & me satisfaire ; vous êtes
le premier qui vous soyez présenté auquel je pus m'adresser, votre vûe m'a frappé, j'ai craint de
me tromper, j'ai craint que vous
n'eussiez donné une interpréta-
tion maligne à l'état où vous me
trouviez ; j'ai rougi ; j'ai cru vous
connoître ; je me suis rassurée,
je vous ai vû fixer vos regards

fur moi ; je vous ai reconnu ;
enfin je vous ai appellé, je ne
me trompe point, nous nous
connoiffons ; je fixe donc fur
vous l'objet des fervices que
vous me rendrez fûrement ; relevez-vous mon cher Sécretaire,
conduifez-moi à la porte du Dragon, mes gens m'y attendent, &
venez chez moi.

Enchanté de cette rencontre,
& furpris encore plus du mariage dont elle me parloit, connoiffant la grandeur du nom de fon
cher Epoux, je ne pouvois concilier l'orgueil de cette famille
avec l'état fur lequel Sophie étoit
entrée dans leur maifon ; les jeunes Seigneurs, difois-je, peuvent
faire des folies ; mais la mere du
jeune Duc, femme d'un mérite
diftingué, avoit confenti à cette
union avec Sophie. Tout ceci
n'eft pas clair, où Sophie m'en
impofe : ces contradictions qui

m'embarassoient exciterent ma
curiosité ; chemin faisant , à la
porte du Dragon , je vis trois
Laquais de bonne mine à la livrée du Duc de * * * que je connoissois parfaitement ; le carosse
avance , j'y vois les armoiries du
jeune Duc accolées à celles de
Sophie qui me parurent étran-
geres & que je ne pus connoître ;
je donne la main à ma belle Sophie , je monte avec elle en carosse , & nous arrivâmes à son
auberge. Il étoit environ midi :
vous dînerez avec moi, mon cher
confident ; Sophie que je n'ose
encore appeller Madame la Duchesse, mais que je commençois
à traiter de Madame, ne me parla
pendant le dîner d'aucunes des
choses dont elle devoit m'instruire, elle me demanda la situation
de mon état & de ma fortune ,
& nous causâmes ainsi de choses
fort indifférentes. Après le dî-

ner, elle me dit d'un air de bonté ; n'avez-vous rien de preſſé à
Verſailles, & pouvez-vous vous
abſenter pour quelques jours ? Je
l'aſſurai que j'étois parfaitement
ſoumis à ſes ordres, que rien ne
m'attachoit à Verſailles que le
plaiſir d'y demeurer & d'y finir
mes jours: Cela étant, je vous
prie de prendre un de mes gens
pour vous apporter ce dont vous
aurez beſoin pour une huitaine
de jours, vous viendrez avec
moi au Château de * * * qui appartient actuellement à mon Mari
par la mort de ſa mere, je ne l'ai
point quitté pendant ſa vie, &
je me ſuis fait un devoir de ne le
jamais abandonner tant que mon
Epoux ne le jugera pas néceſſaire. C'eſt dans cette ſolitude charmante que je m'y entretiens de
ma joye & de mes peines, je ne
ſuis à mon aiſe que dans cet endroit, où dégagée des perſonnes

incommodes , d'amis perfides
où tout au moins insuportables,
je me livre à toutes mes réflexions ; c'est-là où je me prépare
à vous faire le récit de mes avantures qui tiennent de l'extraordi-
naire ; c'est-là où nous prendrons de justes mesures pour
notre correspondance mutuelle ;
allez, mon cher , allez chez vous
& revenez au plutôt. Elle me
donna en effet un de ses gens
pour m'accompagner. Transporté de plaisir d'avoir lieu de revoir ma charmante Sophie, & de
tirer d'elle-même l'éclaircisse-
ment de sa vie, & encore plus de
pouvoir lui être bon à quelque
chose , je volai & revins en un
instant ; sa voiture étoit déjà
prête , & Sophie m'attendoit
pour partir. Dès qu'elle m'apperçut elle descendit, & nous mon-
tâmes en carosse. Nous nous
entretînmes pendant le voyage

d'objets qui avoient rapport à
notre premiere connoiſſance, je
faiſois en ſorte de l'amuſer & de
diſtraire un noir qui s'emparoit
d'elle malgré elle-même ; enfin
nous arrivâmes à moitié chemin, les relais qu'elle avoit ordonné ſe ſaiſirent de la voiture,
& il étoit environ dix heures
du ſoir lorſque nous arrivâmes
à * * * Le ſouper fut bientôt préparé, ſoit la fatigue du voyage,
ſoit qu'elle fût raſſurée contre
ſes allarmes, ſoit la petite compagnie d'un ami ſincere & depuis long-tems éprouvé qui la
diſtrayoit de la profondeur de
ſes peines, elle mangea aſſez bien:
pour moi qui n'étois plus accou-
tumé à rouler ſi long-tems, je
mangeai peu ; nous quittâmes
table, je la conduiſis à ſon appartement, elle me fit conduire
dans le mien, je me couchai au
plus vîte, & dormis de grand

cœur..... Repofez-vous, dit
l'un de nous, car cette hiftoire-là
me promet de grands évenemens,
& pour fixer votre courfe vous
pourriez ne pas trouver de ré-
lais. Voilà du beau, dit un autre,
ce Roman-là mérite l'impreffion:
Bon, bon, repliqua l'Orateur,
vrai ou faux, il faut l'entendre
tout au long, quand je me don-
nerois au Diable vous n'en
croirez toujours que ce que vous
voudrez, mais vous ferez bien
furpris quand dans quelque tems
vous verrez ma Sophie en Cour;
c'eft à cette époque que vous
vous déciderez. Ceci eft du férieux, dit un troifiéme, allons,
reprit l'Orateur, point de commentaire; écoutez.

Le lendemain fur les neuf heures du matin elle me fit appeller
& prier de l'aller joindre dans
une des charmilles du Jardin que
l'on me défigna. Je devrois pour

vous punir, interrompit l'Orateur, vous faire comme les Auteurs romanesques la description du Château, des Jardins, des Parcs, des portes de devant & de celles de derriere ; mais je passe sur toutes ces miseres, qui sont faites pour grossir le volume & accroître le salaire de l'Auteur ; je ne vous demande rien pour mon récit, aussi j'abrege.

A peine fus-je rendu auprès de ma chere Sophie, qu'elle me dit : Que je suis heureuse de vous avoir rencontré, j'ai un ami pour confident, je n'ai plus que de beaux jours à espérer. Si depuis que vous m'avez retrouvée vous avez eu quelque soupçon de mon état, & peut-être de ma vertu, désabusez-vous, vous reconnoissez ce Château, ces Jardins, ou du moins les positions & les anciens vestiges : car mon adorable mere l'a embelli depuis la mort de ſon Epoux, & l'a mis à force de dé-penſes dans l'état brillant où vous le voyez ; je rougis à cette apoſtrophe, elle s'en apperçut, & changeant de converſation, elle me dit, aſſeyons-nous ici, & écoutez-moi.

Vous avez connu, commen-ça-t-elle, mon pere & ma mere, union la plus ſage & la plus ver-tueuſe que vous ayez vûe pour des gens de l'état dans lequel vous les avez connus ; j'étois, vous le ſçavez, le ſeul & unique fruit de cette tendre union ; vous ſçavez que j'étois déja âgée de cinq ans quand je fus pré-ſentée en Angleterre avec mon pere & ma mere à l'Ambaſſa-deur de France Duc de * * * au-jourd'hui mon beaupere. Vous vous reſſouvenez de l'amitié & de la confiance dont le Duc & Ducheſſe les honoroient ; vous

vous

vous fouvenez encore combien mon éducation doit d'actions de graces & de reconnoiſſance à la Ducheſſe ; vous avez connu leur fils , jeune homme né au ſein de l'Angleterre & qui en avoit ſucé le lait de la gravité & de la diſcrétion , il en portoit même les caracteres juſqu'à la rudeſſe ; vous avez ſçu que mon pere occupa chez lui un Emploi de ſecond Sécretaire , poſte auquel vous avez ſuccédé à la mort du premier auquel mon pere fut ſubſtitué ; vous vous reſſouvenez ſans peine de ſon rappel en France , de notre tranſport à Paris, du tems où il vous remercia & récompenſa libéralement vos ſervices. C'eſt à cette époque que je vais commencer le récit de mes avantures ; mais auparavant connoiſſez-moi toute entiere , vous ne voyez devant vous que la fille d'un Sécretaire.

D.

de Maison, je l'ai cru comme
vous pendant longtems, mon
pere m'a désabusée, & les preuves en font conftantes ; bref,
telle que vous me voyez je fuis
Peruvienne d'origine & de naiffance : A ce début je fis un écart
en arriere, comme qui diroit,
à beau mentir qui vient de loin.
Raffurez - vous , me dit - elle ,
M. je vous permets vos écarts,
mais qu'ils ne m'interrompent
point ; ce ton affirmatif me per-
fuada que je parlois vraiment
non à Sophie, mais à une Ducheffe ; tant il eft vrai que les
Grands ont un caractere particulier pour faire rentrer les petits dans leurs devoirs quand
ceux-ci femblent s'en écarter. Je
me remis, & la Ducheffe que
je n'appellérai plus Sophie continuant, me dit : Je fuis comme
je viens de vous le dire Peruvienne, fille du Soleil & defcen-

dante des derniers Rois de notre
Nation ; l'or, héritage de nos
contrées , inutile à mes sages
Concitoyens, devint l'objet de
cupidité de nos vainqueurs,
nous fûmes aussitôt dépossédés
que découverts, nos Autels ren-
versés, nos Prêtres égorgés., notre culte aboli, notre union dé-
truite, nos murs désolés furent
les premieres victimes immolées
à la rage de nos ennemis; hélas !
quel dommage leur avions-
nous causé ? Nous suivions les
mœurs de la pure nature; nous
ne connoissions que la bonne
foi, la probité, l'union du cœur,
la chasteté des alliances.......
On nous traitoit de Barbares !...
Ne renouvellons point des douleurs que le tems a appaisées.

Depuis le changement d'Empire, mes Peres furent toujours
estimés de la Nation & respectés
de nos vainqueurs; mon ayeul

Gouverneur de cette Province
sous leurs ordres fut sacrifié à la
politique du Gouvernement Espagnol, sur le prétexte d'une révolte qu'il ignoroit, il fut la victime du ressentiment de la nation
dominante. Je ne sçais si ma
grand-Mere en avoit eu connoissance, ou si elle pressentoit
une révolution prochaine ; car
à peine son Mari fut-il accusé,
pris & condamné, que cette
femme étoit déjà loin de notre
nation, sans que depuis ce tems
nous en ayons pû avoir des nouvelles. Ce que je me rappelle,
c'est d'avoir entendu dire à mon
Pere, qu'elle avoit emporté le
plus précieux de sa maison, &
surtout les titres & papiers de
ma famille.

Mon pere témoin du sacrifice
sanglant d'une tête aussi chere à
la nation & à lui-même, ne pouvant rester dans des lieux si af-

freux, nous emmena ma Mere & moi agée de cinq ans, chercher fur les mers un afile, qu'il n'étoit plus poffible de trouver dans le fein des nôtres, il fouhaitoit mille fois la mort plus pour moi que pour lui-même ; mais la Providence en difpofa différemment , car errans de mers en mers, nous échouâmes au port d'Angleterre.

Comme Catholiques Romains mon pere s'adreffa à votre Ambaffadeur de France, vous avez connu la nobleffe de fa figure, la délicateffe de fon efprit, la bonté de fon cœur, la douceur de fon caractere. Peu vous importe que j'entre dans ce détail. L'Ambaffadeur le reçut avec accueil, l'écouta avec attention ; & dès le moment s'intéreffant à fon état, il fixa fur l'efprit de mon pere les fecours dont il pourroit avoir befoin pour les intérêts de la Cour de France.

Ce ne fut pas aſſez pour mon pere de s'être attiré la bienveillance de l'Ambaſſadeur pour lui perſonnellement, il lui demanda la permiſſion de lui préſenter ſon Epouſe infortunée & le triſte fruit de leur union ; l'Ambaſſadeur le lui permit avec bonté, l'aſſurant qu'il n'y avoit rien au monde qu'il ne fît pour rendre ſolide le ſort d'une famille ſi jeune & ſi malheureuſe ; auſſi dès que l'Ambaſſadeur eut vû à ſes pieds ma tendre Mere, & apperçu mes petits bras embraſſer ſes genoux, il fit avertir Madame la Ducheſſe ſon Epouſe, qui arrivant ſur le champ, fut pénétrée de compaſſion & de tendreſſe : « Relevez-vous, mes chers » enfans, nous dit cette ver-» tueuſe Ducheſſe ; votre ſitua-» tion me déchire le cœur ; qu'a-» vez - vous décidé, M. en ſe » tournant vers ſon Epoux, ſur

» le sort de cette trop malheureu-
» se famille. Je prends, lui repli-
» qua-t-il, M. en regardant mon
» pere, pour remplir la place de
» second Sécretaire dans mes
» Bureaux, faites-lui préparer &
» à sa famille l'appartement de
» celui qui occupoit cette place ;
» quant à moi, interrompit la
» Duchesse, je me charge de la
» mere & de sa chere fille ; mé-
» ritez, en adressant la parole à
» mon pere, l'estime & la con-
» fiance de mon Epoux ; quant
» à vous, mes cheres filles, je
» ne vous demande que votre
» amitié, je la mériterai par tous
» les services que je serai en état
» de vous rendre. « C'est de
cette façon que nous fûmes ins-
talés dans la Maison de nos
Bienfaiteurs.

Deux ans environ après notre
entrée, le premier Sécretaire &
le seul Confident de l'Ambassa-

deur mourut ; mon pere occupa ces deux places auprès de lui, & vous étant présenté comme François, mon cher ami, vous fûtes substitué à mon pere.

Vous avez vû sous vos yeux la conduite de mon éducation, la tendresse de ma chere Duchesse. Vous fûtes témoin de la mort de ma tendre mere, de la désolation de mon pere, & de la perpétuité de mes trop justes regrets ; enfin vous vous ressouvenez du rapel de l'Ambassadeur, de votre retraite de chez lui à son arrivée en France, & de sa générosité ; c'est ici l'époque où je dois commencer à vous instruire de mon sort. Deux ans ou environ après notre arrivée en France, mon pere succombant à la douleur intérieure qui le dévoroit de la perte de toute sa famille, douleur que la mort de sa chere Epouse lui renouvelloit

velloit sans cesse ; mourut ; jugez
de la mienne. Ne prévenons point
ce tems, il y a un interval trop
long qui doit intéresser trop,
pour ne vous en point instruire.

La mort de ma mere, le changement de climat, n'en apporta aucun dans la conduite de la
Duchesse à mon égard ; sa tendresse pour moi en prit au contraire de nouveaux accroisse-
mens ; pour lors agée de douze
ans, je commençois à porter
dans mon cœur le trait fatal
dont j'ai à vous entretenir & qui
s'est changé depuis en source
de ma félicité. J'aimois à cet âge,
mon cher Secrétaire, & j'aimois sans espoir du réciproque.
Fille du Soleil, élevée dans son
sein, échauffée de ses rayons,
j'en aurois porté l'empreinte jufqu'aux extrémités du Nord. Le
jeune Duc de * * * fils de mes
chers bienfaiteurs, étoit l'objet

E

Reliure serrée

de ma flamme amoureuse, vous
avez connu son caractere en Angleterre ; heureux s'il eût conservé en France cette nobleſſe
de ſentimens , cette gravité de
caractere , cette hauteur, que
dis-je ! cet orgueil qui me prévint en ſa faveur. Vous connoiſſez la franchiſe de notre nation , par celle que j'ai reçue de
la nature ; tel étoit exactement
le caractere de mes peres. La
loi naturelle qui a formé notre
cœur , étoit ſeule la régle de
notre conduite ; nous aimons
avec attachement , mais nous
n'aimons qu'une fois, nous ne
connoiſſons de l'amour que ſa
pureté & ſon innocence ; jamais
le tumulte ne s'empare de notre
eſprit, encore moins les paſſions
font-elles éclipſer la raiſon. Nous
connoiſſons par cette loi les diſtinctions d'états pour ſçavoir
obéir , mais nous n'en connoiſ

sons point pour l'amour ; notre nation ignoroit encore plus les distinctions de la fortune.

La vertu, la tendresse, & le mérite mutuels, sont les seules distinctions & la seule fortune qui nous élevent au-dessus des autres. Beaux jours de mes vertueux peres, vous êtes éclipsés ! que dis-je ! vous êtes perdus pour jamais. Ces sentimens sont ici l'amusement des Poëtes, & je ne retrouve que dans les fables ce siécle d'or dont nous jouissions.

Uniquement conduite par ce principe naturel, je ne sçavois point m'allarmer de mon amour naissant, je ne rougissois point de cette tendresse, dont j'allumois avec tranquillité les premiers feux ; cet orgueil de mon amant étoit une noblesse qui m'enchantoit ; son dédain même dans nos amusemens enfantins,

me préfageoit l'innocence de fon
cœur, & j'eftimois que ce cœur
que je chériffois d'avance tourné un jour en ma faveur, feroit
auffi tendre, auffi conftant que
le mien.

Dans ces fentimens j'interro-
geai mon jeune cœur, il m'apprit qu'il aimoit, je le crus de
bonne foi, & j'en fis part à mon
pere. Ce pere fi tendre, & qui
avoit lui-même éprouvé ces
droits de la nature & de fa fran-
chife, pâlit à ma déclaration. Je
m'en apperçus, je m'en inquié-
tai ; quoi ! lui dis-je, eft-ce un
crime que d'aimer ? Suis-je la
maitreffe d'aimer, ou n'aimer
pas ? Suis-je la maitreffe de faire
décider mon cœur fur l'objet
qui le détermine ? Où fçauriez-
vous que mon amant ne m'aime
pas ? Dites-moi, mon cher pere,
expliquez-moi la caufe de ce fai-
fiffement dont je vous ai vû pré-

occupé : » Les tems sont bien
» changés ; me dit ce vertueux
» pére, en m'embrassant les lar-
» mes aux yeux, » l'heureux siécle
» de nos peres n'existe plus ; tu
» habites un monde, aussi étran-
» ger pour nous que nous le
» sommes à ses maximes ; ce n'est
» pas la vertu, ma chere enfant,
» ce n'est pas le mérite qui déci-
» de des unions ; encore moins
» la candeur, la sincérité d'un
» vertueux amour ; ces caracté-
» res sacrés de la vraie vertu
» sont ici sans force, on en ché-
» rit la peinture, mais la réalité
» est souvent un défaut impar-
» donnable ; on souhaiteroit bien
» que ces dons de la nature pus-
» sent s'allier avec ceux de l'u-
» sage ; mais comme cette al-
» liance est rare, l'égalité des
» rangs production de l'orgueil,
» l'égalité de la fortune, enfant
» de la cupidité, sont la seule

E iij

» source des unions des habi-
» tans de ces contrées. Juge d'a-
» près ce tableau que tu dois
» étouffer ton amour, si tu ne
» veux être la victime de ce feu
» naissant, & me précipiter par
» contre-coup dans l'abîme du
» malheur. Tu vois que la place
» que j'occupe est subordonnée,
» que conséquemment l'état que
» je tiens chez le Duc de * * * est
» un obstacle éternel à ton union
» avec leur fils. Examine outre
» cela, mon pere accusé & con-
» damné tout récemment com-
» me chef de révolte, nos biens
» confisqués & devenus la proye
» de la politique, ma mere erran-
» te, & nous proscrits. Quelle
» chaîne d'événemens funestes,
» qui interdisent ton espoir à
» ton amour ! Cependant je ne
» le blâme point cet amour, tu
» n'as pas lieu de rougir de l'ob-
» jet de ta tendresse, tu es digne

» de lui, & il me paroît digne
» de toi ; seul & dernier rejetton
» de tant d'*Incas* tes ayeuls, tu
» vois dans moi la derniere race
» des Dieux de notre Patrie,
» des peres de la nation qu'elle
» a toujours sçu respecter, & que
» l'Espagne a toujours & craint
» & révéré. Je sçai qu'elle a
» puni mon pere, mais elle sçait
» qu'il étoit innocent ; enfin
» tout mon sang opprimé a cé-
» dé à la politique ; nous de-
» vons toi & moi prendre cette
» politique pour régle de notre
» conduite. Cependant que ce
» secret qui m'échape pour la
» premiere fois, & que je con-
» fie à ton foible cœur, ne te
» passe point. Soutiens le rang
» de tes ancêtres par plus de
» vertu, & tu le justifieras suffi-
» samment.

Je l'avouerai, je sentois plus
distinctement la force de la na-

ture qui me parloit d'aimer, que je ne péſois les réflexions de mon pere ; contente d'exiſter & d'exiſter fille du plus vertueux des hommes & de la plus tendre des meres, je n'avois jamais éprouvé les aiguillons de la vanité, ni ces attraits d'amourpropre ſi familiers à la Nation Françoiſe, des rangs & des diſtinctions ; à peine même ce que mon pere venoit de m'apprendre confuſément de ma naiſſance fit-il impreſſion ſur ma mémoire, comment mon cœur en eût-il été affecté ? Quand d'ailleurs j'aurois pû couvrir l'eſpoir de mon amour du manteau de ma condition patriotique, l'ignorance où on eſt en France de ma nation, une multiplicité de générations ſurvenues & péries dans la dépendance entre les bras de nos vainqueurs, m'auroit fait perdre de vûe l'idée de mon or-

gueil ; à peine moi-même avois-
je vû mon grand-pere dans son
état de grandeur quoique subordonnée dont parloit mon pere ;
enfin je ne connoissois mes malheurs que par des pleurs écha-
pés à ma mere. Soit donc que
l'amour-propre n'eût pas sur moi
une force suffisante, ou que l'a-
mour que je ressentois pour le
jeune Duc de * * * fût plus fort,
je ne donnai mon attention qu'à
la vivacité des sentimens de mon
cœur, & je me disposai à les
partager avec la Duchesse sa
mere.

Je rêvois aux expédiens dont
je pourrois me servir pour déposer mon secret entre les mains
de ma bienfaitrice, lorsqu'elle-
même m'en fit naître l'occasion :
» Qu'avez-vous, me dit-elle un
jour qu'elle avoit la bonté de
s'entretenir avec moi, » vous me
» semblez rêver, ma chere fille.

Vous avez raison, Madame, lui repliquai-je sur le champ d'une façon aussi simple que naive : il y a quelques jours que j'ai dévelopé à mon pere les sentimens de mon cœur ; sa réponse m'embarasse si fort que j'ai peine à la comprendre. » Qu'est-ce donc » qui se passe dans ton petit cœur, ajouta la Duchesse ? »' Je serai » plus traitable que ton pere, » fais-moi ta confidente. » C'étoit mon dessein, repris-je tout de suite, & les moyens que je roulois dans ma tête pour y parvenir, sont la cause de la rêverie dont vous vous êtes heureusement apperçûe. J'aime, Madame, & j'aime M. votre fils. Quand j'ai eu fait cet aveu à mon pere, il a frémi, & m'a assuré que si je conservois un tel amour, il causeroit infailliblement mes malheurs & les siens. Je n'ai pû goûter ce raisonnement, ne pou-

vant m'imaginer que l'amour
puisse produire des malheurs. A
cela il m'a répondu qu'il n'en
étoit pas de même de ce pays-ci
comme du nôtre, où les peres
& les meres sont les confidens
de leurs enfans, & les enfans
les tendres amis de leurs peres
& meres, où la nature seule est
écoutée & la sagesse toujours
le terme de la nature ; qu'ici
au contraire les peres & meres
commandoient avec empire aux
enfans, & les enfans d'escla-
ves pendant leurs bas âges,
deviennent rebelles à l'autorité,
& ne connoissent jamais la tendresse de la nature ; que l'amour
étoit ici l'enfant du libertinage,
& les unions les fruits de l'égalité des conditions, des rangs,
& de la fortune : que m'étant
défendu de pouvoir espérer d'ê-
tre unie à M. votre fils, il m'é-
toit défendu de l'aimer. La Du-

cheffe rougit au commencement,
cela ne m'avoit pas échapé ;
mais ayant eu le tems de se remettre, elle me répondit avec
cette prudence qui a l'art de
se déguiser, en se mettant à la
portée d'un enfant que la pru-
derie épouvante & dont les re-
montrances donnent à penser :
» Est-ce que ton pere t'auroit
» défendu de m'aimer ? Je ne le
» pense pas : Eh bien ma fille
» aime mon fils comme tu m'ai-
» mes, je te le permets, va ne
» crains rien ; mon cher cœur,
» & ne sois point rêveuse. . . . .
Madame, lui repliquai-je avec
un ton de vivacité qui expri-
moit mieux mes sentimens que le
pompeux étalage d'un Roman,
mon pere ne m'a jamais défendu de vous aimer, il seroit bien
ingrat ; mais je sens bien qu'il
y a de la différence entre l'a-
mour dont je suis pénétrée à

votre égard, & celui que je ressens pour M. votre fils. Ma bienfaitrice sage & discrete se mit à rire, & changea de conversation.

Je ne sçai ce qui se passa entre la Duchesse & mon pere ; mais quelque tems après Madame la Duchesse me dit que pour rendre mon éducation parfaite il étoit nécessaire de m'instruire de ma Religion, & qu'après avoir appris à vivre dans l'usage du monde, il étoit indispensable d'apprendre à vivre en Chrétienne ; que c'étoit à cet ordre de conduite qu'elle avoit pensé, en m'envoyant auprès d'une de ses sœurs Abbesse de l'Abbaye de * * * J'acceptai avec satisfaction cette autre preuve des bontés de la Duchesse ; & je partis avec la même tranquillité pour mes amours, & la même naïveté pour ma reconnoissance.

Je ne vous ennuyerai pas du récit de ce qui se passa dans mon Couvent, j'ai vû des exemples de vertu & de piété, & tel qui en parle mal a déjà le cœur corrompu.

Il y avoit environ dix-huit mois que j'étois auprès de la sœur de la Duchesse, que je commençai à éprouver les premieres douleurs de la misére humaine. Madame l'Abbesse m'en fit ressentir les premieres atteintes en m'apprenant la mort de l'Ambassadeur. Six mois après elle m'apprit celle de mon pere. Je fus abbattue à cette derniere ; mais pourquoi vous ennuyer du récit de mon désespoir ? Seule, jeune, sans pere ni mere, sans secours, sans amis, sans parens, jugez de cet état, à près de quinze ans, j'en envisageois les horreurs dans toute leur étendue. La respectable Abbesse ac-

courut à mon secours, me rappella ces sentimens d'une providence dont j'étois la fille, d'un
Dieu qui nous aime tous comme
ses enfans, & de la Duchesse
qui m'étoit extraordinairement
attachée ; je tenois la lettre de
cette généreuse bienfaitrice entre les mains : tantôt j'embras-
fois l'Abbesse, tantôt je baisois
ces précieux gages de l'amitié la
plus sincére ; enfin ma douleur
se calma ; cependant le tems
qui enleve tout, n'a jamais pû
m'enlever la douleur de la perte
d'une tête si chere.

Mais, me direz-vous, pendant
l'espace de trois ans que vous
êtes au Couvent, vous ne vous
êtes donc jamais apperçue de
votre amour? Car vous n'en parlez plus. Arrêtez mon cher, l'a-
mour sincere & vertueux aime
le silence ; telle est la route de
la nature ; en France on croit

aimer parce qu'on parle beaucoup, & le silence est la preuve d'un cœur volage & d'un
amour éteint. C'est dans le tumulte des sens que regne l'a-
mour de votre nation, & sa
réalité n'est que l'effet des pas-
sions. Pour moi qui ne connus
jamais ce tumulte qui conduit au
crime, cette passion qui est un
vrai libertinage ; je conservois
mon amour pur & tranquille
au fonds de mon cœur. Je partageois mon tems au sacrifice
de mes devoirs, & à celui de
mes sentimens; écoutez la tranquillité de la nature, elle est
toujours sagement occupée ; la
raison, cette loi naturelle con-
cilie toutes les facultés de notre
ame, elle distingue la différence des tems & des circonstances, & nous apprend cette liaison de toutes nos opérations,
en quoi consiste la sagesse de
l'homme

l'homme & l'amour de l'ordre.

Je ne m'inquiétois point de découvrir si le jeune Duc m'aimoit, ou même s'il pouvoit m'aimer, encore moins des moyens de lui découvrir mes sentimens. Etois-je la maitresse de son cœur pour prendre un empire que je ne pouvois avoir sur le mien ? J'aimois, mon cœur étoit content, & ma raison tranquille. De pareilles dispositions n'aménent point d'événemens ; aussi je n'ai garde de vous en faire naître dans mon récit ; les circonstances vous tireront d'inquiétude à cet égard, laissez au tems le soin de les préparer ; ce n'est pas un amour à la Françoise, dont je vous fais le récit, ajouta-t-elle avec un rire mocqueur.

Quelque tems après la mort de mon pere, je reçus une lettre de la Duchesse qui suspendit

la vivacité de ma douleur fur la
perte de mon pere ; elle m'apprenoit cette refpectable femme
qu'elle avoit formé le deffein
de quitter la Cour, & de venir
paffer le refte de fes jours auprès
de fa fœur & de moi, dans
une de fes terres, à quatre lieuës
de l'Abbaye ; qu'avant fon départ elle avoit mis ordre à fes
affaires , & recueilli ma fucceffion ; que mon pere m'avoit
laiffé un bien affez honnête pour
jouir d'une vie gracieufe & conforme à ma fagelle ; qu'elle avoit
réglé ma petite fucceffion, &
qu'elle en prendroit foin , jufqu'à ce que je puiffe en prendre le foin moi-même. Elle arriva enfin cette chere & tendre
mere, elle paffa quelques jours
dans mon Couvent, où elle y
reçut les témoignages d'une fincere amitié de la part de fa
fœur, & d'une reconnoiffance

dès plus vive de la part de mon
cœur. Cette vertueuse protectrice sembla s'attacher à moi
avec une force & une tendresse
d'autant plus sincere qu'elle me
regardoit comme celle qui devoit à présent lui servir de consolation. Nous nous quittâmes
enfin, elle gagna ses terres en
me demandant la permission de
m'envoyer chercher le plus souvent qu'elle le pourroit.

J'étois accoutumée à mon
Couvent, j'étois satisfaite de
tous les caracteres des personnes
de la Maison ; toutes me ché-
rissoient, & je les aimois toutes.
Nos jours s'y écouloient avec
enjouement, & je ne demandois qu'à mourir dans le sein
de cette Communauté. Il falloit
une amitié aussi vive que celle
que je portois à la Duchesse
pour m'engager à sortir : mais
que ne lui devois-je pas ? Ou

plutôt quel ascendant sur mon
cœur, n'avoient point la vertu
& la générosité de ma bienfaitrice ? J'allois ainsi & revenois
du Château de la Duchesse à
mon Couvent, & de mon Couvent au Château de la Duchesse,
avec le même plaisir & la même
tranquillité d'ame.

Au bout de six mois d'une
vie aussi agréable pour moi, je
ne sçai quel pressentiment me
saisit, & vint troubler cette tranquillité. La nuit se passoit dans
des allarmes & des inquiétudes
continuelles & terribles, tantôt
j'étois enlevée, tantôt j'étois
poursuivie ; je rêvois une nuit
que j'étois exposée aux dents
des bêtes féroces, une autre,
que j'étois la proye des libertins:
Les songes sont souvent l'effet
des peines & des chagrins du
jour ; mais je ne connoissois ces
monstres de la nature humaine.

que par les noms. Un homme
fage doit y réfléchir, ils font
fouvent des avertiffemens du
Ciel ; mais fans expérience,
quelle fageffe m'eût pû déve-
loper les caufes de ce preffenti-
ment? Je ne tarderai pas à vous
la faire connoître, cette caufe
malheureufe dont la Providence
m'avertiffoit.

Un jour que je m'abandon-
nois à mes réflexions fur des
fonges fi triftes, & que je ne
pouvois cependant chaffer de
mon imagination, je reçus une
lettre de la Ducheffe par laquelle elle me prévenoit, que
fon fils depuis peu arrivé de la
Cour, devoit au fortir de chez
elle aller rejoindre fon Régiment
pour entrer en campagne ; mais
qu'avant de quitter ces lieux il
vouloit me venir dire adieu.
Cette nouvelle diffipa pour un
inftant mes preffentimens, & me

donna de la gayeté ; je sçus même bon gré à la démarche du jeune Duc que j'interprétai en ma faveur. S'il veut me voir il m'aime sans doute, & s'il m'aime tout est d'accord entre nous. Ce n'est pas moi qui demanderai à monter jusqu'à lui, au contraire ce sera lui qui descendant jusqu'à moi rendra nos conditions égales. Nature, nature! tu es la même par tout. Tout flatté que fût mon amour, je n'apperçus dans son innocence, ni impatience, ni tumulte; il arrive, il me démande, il me voit, je le vois lui-même ; mais quelle surprise de voir au lieu d'un jeune homme aimable, grave, sérieux, même un peu haut; au lieu de ce caractere de noblesse & de circonspection qui avoit surpris mon cœur, j'apperçus un jeune extravagant, un étourdi plein de mauvais bons mots, pétulent

en difcours, fémillant de con-
torfions; tantôt pleurant, tantôt
fe réjouiffant, à mes genoux,
& au même inftant fe relevant
avec la fureur dans les yeux,
m'apoftrophant indécemment,
voulant fortir, voulant fe tuer,
s'en prenant à lui, à moi fuivant
les accès de fa folie, tirant fon
épée, la portant au cœur, la
jettant par dépit, fes membres
tantôt droits, tantôt contour-
nés, une tête, des pieds, des
jambes, faifant le moulinet, un
verbiage fans fin, des termes inin-
telligibles; des expreffions for-
cées, tant il y a que le croyant
en délire j'appelle du monde
pour venir à fon fecours. J'igno-
roi qu'en France ces expreffions tinffent lieu d'amour, & les
accès que je voyois les inftru-
mens propres à captiver: que
dis-je! à furprendre les cœurs.
Je ne vous rapporterai pas tout

ce qu'il me dit dans cette entre-
vûe : à peine ai-je pû en rassem-
bler deux mots ensemble: D'ailleurs c'étoit une action de Théa-
tre, ou plutôt de délire, que
tous les récits les plus exacts
ne rendent qu'imparfaitement.
A mes cris il se tut cependant,
& revenant à un air plus rassis,
je lui dis, Monsieur, je crois
que vous auriez plus besoin de
repos que de courir à l'armée, à
moins que le changement d'air,
ou le tumulte des armés ne
deviennent pour vous un spéci-
fique plus certain. Adieu, M.
je rendrai compte à Madame
votre mere de l'état où je vous
ai vû ; je vous souhaite une
meilleure santé, & une prompte
expédition des ordres que vous
avez reçus ; & sans attendre
sa réponse, je lui fis une pro-
fonde révérence, & fermai ma
grille.

Ce

Ce fut pour lors que je prévis des malheurs d'un autre genre que ceux que m'avoit prédit mon pere. Il s'en falloit de beaucoup que je conservasse le désir de m'unir avec lui, quand sa famille même l'eût ardemment désiré; mais je ne pouvois cesser de l'aimer, c'étoit un malheur, sans doute, mais qui renfermé en moi-même, ne pouvoit se répandre au dehors. Quoi|| di-sois-je, la nature est donc diffé-rente en France, qu'aurois-je pensé si j'avois sçû que dans cette France si policée, tous ces grands principes de raison, de loi naturelle, de vertu, de sa-gesse, de prudence, de discré-tion, de religion même ne sont que de purs systêmes, que l'u-nion que produit l'amour est une passion de libertinage, que l'on appelle galanterie, & que l'u-nion sérieuse n'est qu'un amour de formalité; est-ce ainsi, grand Dieu! que s'aimoient le Duc & la Duchesse, union la plus sage & la plus vertueuse! Les enfans se plaisent donc à dégénérer de la vertu de leurs peres, & les droits de la nature sont donc ainsi tournés en ridicule. La nature est simple, elle est uniforme, elle nous dit que notre cœur ne connoît que l'amour, & ce cœur n'en veut qu'à la sagesse, voilà l'ordre de la nature; tout est tranquille dans elle; quel moyen prennent donc les François pour ne la point écouter, ou noyer ses cris dans une mer de tumultes & de délires?

Ce fut dans ces dispositions que peu de tems après la Duchesse m'envoya chercher; j'y fus avec le même plaisir & la même tranquillité. » Eh bien, me dit-elle un jour, » tu ne me

» parles pas de mon fils, tu m'as
» dit que tu l'aimois, il m'a de-
» mandé la permiſſion de t'aller
» voir & te dire adieu ; que
» t'a-t-il dit ? Répons-moi avec
» ta franchiſe ordinaire. Il eſt
vrai, Madame, lui répondis-je,
que j'ai aimé M. votre fils, &
que je l'aime encore ; le changement dans le caractere de
notre nation eſt un monſtre qui
nous eſt inconnu, je ne ceſſerai
de l'aimer ; mais pardonnez-moi,
Madame, ſi je m'explique avec
cette ſincérité que vous m'avez
toujours connue ; je ne vous
importunerai jamais ſur les ſuites de cet amour, & fût-il plus
grand & plus fortuné, jamais
je ne rechercherai ſon union,
malgré l'amour dont je ſerai
éternellement atteinte en ſa faveur. Faſſe le Ciel qu'il vous
reſſemble un jour, & qu'il ſoit
l'image vivante de votre ver-

G ij

tueux Epoux. Sous ce rapport je l'ai aimé, je le conserverai ce rapport éternellement, & tel je l'aimerai éternellement ; mais dès qu'il a appris à s'en écarter, je concentrerai mon amour dans mon cœur, & je détesterai son union.

» Tu me fais peine, me repliqua ma chere Duchesse, » t'auroit-il offensé ? Non, Madame, c'est lui-même qu'il a offensé, & perdant par-là mon estime il n'est plus digne de Sophie. Je lui racontai ensuite tout ce qui s'étoit passé, & revenant sur mes réflexions elle m'interrompit; » Quoi ! tu te fâches de » ces discours ? C'est la galan- » terie ordinaire de nos jeunes » gens; imagine-toi que ce sont » des colifichets dans leur jeu- » nesse, & quand ces vivacités » sont passées, ils deviennent » sages ; ce sont des exemples

„ de la plus haute vertu. Madame, lui repliquai-je affez promptement, nos caracteres ne font
point accoutumés à de pareilles
viciffitudes, tels on nous voit
jeunes, tels on nous voit dans
l'âge le plus avancé : nous ne
changeons jamais, & fi je pouvois faire une pareille expérience dans mon cœur, je ferois
plus contente que je ne la ferai
de mes jours. Confervez - moi
votre tendreffe & votre attachement, Madame, n'exigez rien
de plus.

En finiffant mon apoftrophe,
je vis les larmes couler des yeux
de ma refpectable Ducheffe, je
volai entre fes bras pour les
lui effuyer. Vous avez, lui dis-
je, des chagrins qui vous dé-
vorent, ma chere bienfaitrice,
pouvez - vous me les confier ?
Suis-je trop jeune pour en être
la dépofitaire ? Hélas, à un âge

plus tendre nos enfans font nos
confidents , je partageois déjà
la confiance de mon pere & de
ma mere. »Remets-toi, ma chere
enfant, me répondit cette mere
affligée, » ta raifon précéde la
» force des années ; ta vertu à
» ton âge eft une vertu éclairée;
» tu feras la confolation de mes
» jours, & puifque mon mal-
» heureux fils fe livre au liberti-
» nage, tu es ma fille, tu es da-
» vantage pour moi, tu es mon
» amie. J'ai vû par degrés mon
» fils, ce fils fi fage, fi réfervé,
» changer depuis notre retour
» en France ; & débaraffé d'un
» pere qui l'incommodoit , je
» l'ai vû dans l'amertume de mon
» cœur donner dans toutes les
» paffions des jeunes gens aux-
» quels il s'eft livré. Débau-
» ches continuelles! crapule af-
» freufe! ne connoiffant ni Dieu,
» ni Loi, ni frein , ni ordre !

» toujours en délire comme tu
» t'exprimes fort bien, & mépri-
» fant mes avis, fe roidir contre
» fes propres remords. Il me
» force ce fils ingrat à ne fou-
» haiter fa vie que pour perpé-
» tuer fon nom & foutenir la
» fortune de fes peres. Cruelle
» ambition dont je ferai & lui-
» même la victime ! ce nom que
» fes peres ont foutenu fi digne-
» ment fe deshonore entre fes
» mains, & cette fortune s'anéan-
» tira bientôt après ma mort....
Je l'interrompis fur l'objet de
ces triftes réflexions, pour lui
faire appercevoir les grandes reffources que la Providence pourroit employer, pour ramener
dans ce jeune cœur égaré, ces
principes de l'éducation qu'il
avoit reçus entre fes mains. A
mefure que je parlois de l'abon-
dance du cœur fon affliction fe
diffipoit & fes larmes s'efface-

rent. Je profitai de cet inftant pour l'engager à la promenade, & là, changeant de converfation, & les yeux attachés à fon propre ouvrage, elle me rappella l'état où elle avoit trouvé ces Jardins à fon arrivée, & combien elle avoit dépenfé pour les rendre dans leur riante pofition. C'eft ainfi que je paffai le tems qu'elle me garda auprès d'elle, entre les larmes, les réfléxions, & les amufemens innocens, auxquels nous nous excitions mutuellement.

Je me difpofai enfin à retourner à ma chere Abbaye. » Il eft » jufte, me dit la Ducheffe, que » je te remette la difpofition de » la fucceffion de ton pere ; j'ai » trouvé pour vingt mille livres » de rente de contrats que voilà, » & voici un état de l'argent » comptant que j'ai trouvé tant » en nature qu'en billets que j'ai

„ eu foin de faire rentrer, qui
„ montent à cent cinquante mille
„ livres ; & comme cette fomme
„ m'a fervi à arranger mon Châ-
„ teau en l'état où tu le vois,
„ voici un contrat de conftitu-
„ tion que j'ai paffé en mon nom
„ à ton profit, dont je te payerai
„ exactement les intérêts jufqu'au
„ remboursement que je t'en
„ pourrai faire ; mais de mon
„ vivant, ma chere enfant, tu ne
„ feras jamais remboursée, par-
„ ce que j'aurois peur que le
„ fonds fortant de mes mains
„ fût placé au nom de quelque
„ frauduleux créancier qui te
„ mît dans le cas de le perdre. Il
„ eft bon que tu t'accoutumes
„ à gérer ton bien, tu en feras
„ véritablement plutôt & plus
„ fûrement l'Econome. Je re-
merciai ma chere Ducheffe de
fon amitié, je pris mes Contrats,
mes Actes, je pris congé d'elle,

& je me retirai dans mon Couvent.

Depuis le tems que je fus rendue à ma tranquillité jufqu'à l'é-
poque d'un événement dont je
me difpofe à vous rendre compte, je ne fus occupée que de la
douleur que la conduite du jeune Duc imprimoit dans l'ame
de fa trop tendre mere ; ce qui
me conduifit à faire de férieufes
réflexions fur les engagemens de
mon fexe. Je ne craignois pas
que quelqu'autre objet pût chaffer de mon cœur mon malheureux amour, mais que la Ducheffe elle-même ne me con-
traignît à quelque mariage de
fon goût, & qui n'auroit point
été du mien ; je me raffurois
tantôt contre cette idée chimé-
rique étant maîtreffe de moi-
même, tantôt je m'allarmois de
mon attachement pour elle ;
mais enfin la force de mon

amour, & sa perpétuité dans un cœur aussi constant me rendoient ferme à chérir cet amour & à refuser toute union.

La campagne finie, mon amant arriva en Cour, où il fut très-long-tems, sans que j'entendis parler de lui ; il quitte la Cour, & revient chez sa mere. Abattu des travaux qu'il avoit supportés, & encore plus des débauches qu'il avoit renouées en arrivant, ou que vraisemblablement il n'avoit jamais quittées, il ne fut pas deux jours tranquille au Château qu'il y tomba malade, d'un genre de maladie qui le mit aux portes du tombeau. Une petite fiévre s'empara de lui, il la négligea, elle accrut, fiévre continüe, transport au cerveau, le Médecin l'abandonne, le Curé s'en empare ; c'est dans cet état que son infortunée mere me fit appeller à son

secours. Je vole au Château,
une mere affligée, un fils ce
soutien d'un si grand nom, ce
Seigneur si fortuné aux portes de
la mort me jettent moi-même
dans la consternation. J'embrasse
mille fois cette mere mourante,
j'interroge son cœur, le mien
lui répond ; je parcours des
yeux cette victime d'un honteux
libertinage, je compare son état
& je le mesure sur la tendresse
de sa mere, je plains ce malheureux, je gémis de son sort,
& j'aime sa personne.

Cependant quelques signes favorables se font appercevoir ; le
Médecin reprend ses droits, le
Curé console la Mere, je donne mes soins à tout ; les remedes
font leur effet, il est hors de
danger, les craintes se dissipent,
l'allarme cesse, la mere se tran-
quillise, ses pleurs se tarissent,
l'espérance renaît, nous nous en

réjouiſſons toutes deux, le malade ſouffre, il ſe plaint, il voit
& ne ſemble pas encore connoître ; mais le tombeau s'éloigne,
& cela nous ſuffit.

Enfin les choſes ſont en tel
état que nous pouvions entrer
& ſortir de la chambre du malade, y cauſer, nous y amuſer
même, ſans que cela pût faire
tort à ſa prochaine convaleſcence. Un jour ſa mere me demanda aſſez indiſcrétement à la vérité, indiſcrétion cependant ex-
cuſable, parce que nous nous
imaginions qu'il ne pouvoit entendre ce que nous diſions même
à voix baſſe, - Quoi tu aimes
„ mon fils, me dis-tu, & tu
„ n'as pas pâli un inſtant de ſon
„ état, tes larmes n'ont eu que
„ ma ſituation & mon attendriſ-
„ ſement pour objet ; tu n'as
„ plaint qu'une mere malheu-
„ reuſe qui ne doit ſes larmes

„ qu'à l'orgueil de fa naiſſance
„ dont elle voyoit l'objet anéan-
„ ti ! Cela ne ſe peut pas, ma
„ chere Sophie , ton cœur te
„ féduit, ou tu me trompes toi-
„ même. La nature, Madame,
lui repondis - je , ne connoît
point le tumulte des paſſions ,
nous naiſſons pour mourir, &
la Providence qui nous dépoſe
ici-bas, nous enleve à ſon gré,
la nature le ſçait , elle peut
craindre cet inſtant , mais ne
l'éloigne jamais. Les paſſions qui
nous tirent de cet état d'innocence , nous font prendre le
change ; ſans l'orgueil de votre
nom , fuſſiez-vous tombée dans
ces écarts d'une raiſon égarée ?
Permettez-moi ces expreſſions ,
votre fils ſeroit à préſent dans
l'éternité, & votre raiſon venuë
au ſecours des foibleſſes de la
nature déſolée, vous eût fait en-
viſager ſa mort comme le com-

mencement de fa félicité, & la fin
des douleurs dont il combloit
vos jours. Il en eſt de même de
l'amour que je porte à M. votre
fils, je l'aurois conſervé avec
la même innocence lui mort
comme je le conſerve actuellement rendu à vos vœux. Aucun
autre amour n'eût été ſubſtitué
à celui que je lui ai voüé, j'aurois ſuivi votre exemple, Madame, le ſouvenir de votre amour
envers votre tendre Epoux, vous
tient encore lieu de l'amour
dont il excitoit la tendreſſe ;
l'amour mutuel que vous vous
portiez, ne vous a enlevé par
ſa mort que les moyens de l'unir
davantage ; mais l'amour que
vous lui portiez, eſt & ſera
au-delà du tombeau ce même
amour que vous lui portez encore actuellement. Je n'ai point
l'honneur d'être unie à M. votre
fils, je l'ai aimé ſans connoître

la force de l'union, je l'aime indépendamment de l'union, & je l'aimerai sans les secours de l'union: car je persiste dans mon sentiment, que tant qu'il sera tel que vous le pleurez, il n'y a point d'homme capable de former cette union. « Mais ma » chere Sophie, m'interrompit- » elle, si mes vœux alloient être » exaucés, si mes larmes avoient » été écoutées, & que Dieu me » le renvoiât aussi vertueux que » son pere, aussi tendre que sa » mere, que dirois-tu pour lors? Je le souhaite, Madame, lui repliquai-je, je le désire, je ne regretterois plus l'objet de mon amour, & mon cœur flatté par un retour si heureux, gouteroit avec plaisir le charme de votre consolation, & de cette joye intérieure qui dissiperoit les amertumes que sa conduite y a imprimées. Voilà Madame, tout

ce

ce dont je peux vous aſſurer. »
» Attendons donc cet heureux
» inſtant, me dit cet mere con-
» ſolée. C'eſt ainſi que quelquefois la Ducheſſe s'amuſoit avec
moi, pour ſe tirer de l'inquiétude que lui cauſoit ſans ceſſe
l'état de ſon fils.

Le jeune Duc ſe rétablit, il
eut une heureuſe convaleſcence,
& bientôt il fut en état de prendre l'air. Mais avant qu'il fût
parvenu à cet état de ſtabilité,
je pris congé de la Ducheſſe,
& me retirai à mon Couvent.
Quelque tems après la Ducheſſe
m'écrivit avec cette effuſion de
cœur que donne l'apparence
trompeuſe d'un changement de
conduite que l'on déſire ardemment. « Mon fils eſt changé, ma
» chere Sophie, que de graces
» n'ai-je point à rendre à Dieu
» ſeul maitre de nos cœurs ! il
» l'a rendu à la vie en ſe rendant

„ à mes vœux , & mes vœux
„ ont été exaucés , parce que
„ j'offrois la vie de mon fils aux
„ seuls intérêts du Ciel. Ne con-
„ fonds point les sentimens de
„ mon orgueil avec ce désir qui
„ animoit mes supplications ,
„ j'avoue que c'étoit un retour
„ sur moi - même qui pouvoit
„ outrager la bonté divine ; mais
„ nos vœux sont - ils si désinté-
„ ressés , pour nous exclure en-
„ tiérement du prix de ses bien-
„ faits ? Il a enfin repris son air
„ naturel, il est grave, sérieux,
„ occupé de réflexions qu'à la
„ vérité il ne communique pas,
„ mais qui certainement ne peu-
„ vent tendre qu'à un retour sa-
„ lutaire sur sa vie passée ; que
„ je suis heureuse ! j'oublie mes
„ larmes, je ne me souviens que
„ de ma premiere tendresse, tu as
„ pris part à ma douleur, prens-
„ en à ma joye, que dis-je ! aux

„ délices de mon cœur. Je répondis à sa lettre, avec les témoignages les plus sincéres de
ma tendre reconnoissance, qui
me permettoit de partager avec
elle & ses peines & ses plaisirs.
J'ajoutai : »Les apparences peu-
„ vent souvent nous tromper
„ ma digne protectrice, il y a
„ des conversions que la crainte
„ d'un malheur échapé peut opé-
„ rer, une bonne santé les fait
„ évanouir; ce n'est pas pour
„ vous rien enlever du plaisir
„ que vous ressentez que je m'ex-
„ prime ainsi, mais c'est pour
„ ne pas vous y trop livrer :
„ laissez au tems l'épreuve qu'il
„ vous faut pour vous convain-
„ cre, le plaisir en sera moins
„ vif, mais il sera plus constant;
„ si Dieu parle à son cœur, les
„ progrès de son changement
„ seront longs, mais ils seront
„ infaillibles.

H ij

. Cette digne mere eut le tems
de faire ses réflexions sur ma
réponse ; car peu de tems après
elle en vit l'application dans toute l'étenduë de sa justesse ; enfin
cette vertueuse femme m'écrivit
deux mois après que son fils
parfaitement fortifié, avoit repris le chemin de la Cour ; que
ma réponse à la derniere l'avoit
frappée, de façon qu'elle avoit
examiné l'intérieur de son cœur
par l'état de son extérieur, qu'elle
avoit remarqué qu'il regnoit dans
son ame un accablement qu'il
ne pouvoit cacher. Cette gravité dont elle m'avoit entretenu,
portoit un fond de mélancolie
& de chagrin que rien ne pouvoit dissiper ; que ce sérieux
tenoit plus du taciturne que du
caractére de cette vertu, partout
impatient, partout querelleur,
partout ennuyé, & que ce fonds
misantrope donnoit à connoître

qu'il rouloit dans sa tête quelque inquiétude dont elle n'avoit pû connoître le motif ; qu'enfin elle craignoit quelqu'évenement fâcheux, que ma réponse sembloit lui avoit prédit : Cependant que pouvant se tromper, elle ne s'abandonnoit point à la douleur, mais se reposoit sur la même main, qui lui ayant rendu son fils, ne l'accableroit point par une douleur pire que celle qui auroit suivi sa mort.

Je ne cherchai pour réponse à cette lettre, que les moyens d'aider à consoler cette mere qui alloit bientôt recevoir le coup accablant, effet des pressentimens sur son malheureux fils.

Ce fils m'aimoit, il est vrai, mais il ne vouloit l'avouer qu'au ridicule François ; il étoit violemment piqué de la façon dont j'avois reçu sa déclaration ; il étoit certain que je l'aimois, par l'aveu que j'en avois fait à sa mere, aveu qu'il avoit entendu très-distinctement : mais aussi il n'ignoroit pas que le mépris que j'avois pour sa conduite m'inspiroit une horreur invincible pour m'unir à lui, même pour écouter son amour, si jamais il m'en parloit ; son orgueil plus invincible que son amour se porta à la vengeance, & faisant taire cet amour, il lui substitua des effets de ressentiment les plus deshonorans pour lui, & pour moi les plus accablans. C'étoit tout à la fois & son amour méprisé, & les flatteuses inventions de sa fureur qui le rendoient aux yeux de sa mere si cruellement changé, & partout le tiran de lui-même. Tout est extrême chez le François : semblable au chat, il se venge sur le champ, & se repent le moment d'après.

En effet ce fils de retour à la Cour, devint encore plus méconnoiſſable aux yeux de ſes cruels amis ; un ſérieux propre à glacer, une gravité chagrine, un eſprit qui n'étoit jamais à lui, une fauſſe ſageſſe en un mot répanduë ſur toute ſa phiſionomie, irriterent ces jeunes gens, ils s'en plaignirent à lui & toujours inutilement ; ils le cherchoient, il les fuyoit, plus de jeux, plus de parties de débauches, plus de galanteries, à force de vertu, diſoient-ils, le pauvre Duc eſt devenu fou, le Diable lui a fait peur, lui que nous venons de voir affronter mille morts au dernier ſiége, a eu peur d'un Prêtre, c'eſt lui qui lui a tourné la tête ; cependant le Duc étoit aimé : on prit donc la réſolution de lui tirer ſon ſecret ; un d'eux moins turbulent ſe chargea de la commiſ-

sion, & l'ayant attiré dans un endroit écarté, il lui proposa de s'asseoir. « Qu'avez-vous donc
» notre cher Duc? Tout vous
» fait peine ! Tout vous fait
» peur ! Quelle est donc la cause
» d'un changement si inouï !
» Toute la Cour s'apperçoit de
» ce noir que vous portez sur
» votre phisionomie ! Tout est
» riant ici, chacun fait votre
» éloge, & vous seul attristez
» tout le monde !... Que veux-
» tu que je te dise mon cher
» cœur, répondit le Duc, ma
» peine est un mistére que je
» n'ose même développer, l'a-
» mour & l'orgueil se combat-
tent alternativement dans mon
» cœur, je ne puis soutenir leur
» choc ; tous deux de concert
» m'ont mérité l'éloge de notre
» dernier combat, tous deux
» m'ont mis à la porte du tom-
» beau, & tous deux me déchi-
rent

„ rent le cœur. Voilà ce miſtére
„ que tu veux ſçavoir. J'aime la
„ plus vertueuſe, la plus belle, &
„ la plus rare des femmes, mais
„ elle eſt fille du Sécretaire de
„ mon pere, voilà le combat de
„ l'amour & de l'orgüeil de mon
„ nom, combat que la mort
„ ſeule eſt capable de terminer.
„ Cette fille m'aime, je n'en puis
„ douter, puiſque pendant ma
„ maladie, je l'ai entendu en
„ faire l'aveu à ma mere ; cet
„ aveu m'a reſſuſcité ; mais ô
„ comble d'infortune ! cet aveu
„ a été ſuivi d'une volonté dé-
„ cidée & abſoluë de refuſer
„ mes vœux ; ma mere s'eſt en-
„ tretenuë fort gayement de ce
„ contraſte de ſon cœur ; elle
„ a avoüé qu'elle m'avoit aimé
„ prévenuë de mon caractére
„ que j'ai apporté d'Angleterre,
„ & que vous avez changé en
„ France ; changement qui lui

I

„ caufe ce mépris que j'ai ap-
„ perçu dans fes difcours ; fon
„ amour & fon mépris feront
„ auffi conftans chez elle que les
„ réfolutions que prennent les
„ femmes de fa nation ; j'ai donc
„ fait en forte de faire revivre
„ en moi ce premier caractere,
„ pour lui plaire, mais mon
„ orgueil ne peut fouffrir ni fon
„ union ni fes mépris. Je veux
„ l'aimer, je veux me venger,
„ que dis-je! je roule dans ma
„ tête le deffein de l'enlever, &
„ d'en faire malgré elle l'objet
„ de mes criminelles ardeurs. Sa
„ vertu, la mienne fe confon-
„ dent dans cet abominable pro-
„ jet ; une tendre & vertueufe
„ mere que je mets au tombeau,
„ fes cris que je me repréfente
„ fortant de fon cercueil, comme
„ autant de bourreaux qui fe
„ vengeront cruellement de mon
„ odieux attentat ; d'ailleurs

„ quand je l'aurai enlevée où la
„ déposer ? Quel coin assez re-
„ culé peut couvrir sa honte &
„ mon deshonneur ! Juge mon
„ ami quel état plus triste pour
„ moi. Jamais l'Enfer put-il in-
„ venter de plus horribles sup-
„ plices ? Si le vertueux crimi-
„ nel est déchiré avant le crime
„ commis, que devient-il quand
„ sa passion est une fois satis-
„ faite ?..... Quand je dis que
le Comte qui l'écoutoit étoit
moins turbulent, cela étoit vrai,
mais il portoit l'empreinte de
ces gens dont le caractere est
pliant, l'esprit orné, le cœur
ouvert à la vertu, mais trop
facile au crime, c'étoit un de
ces honnêtes gens à qui tout
étoit bon, pourvû qu'il pût cacher ses démarches ; aussi le Duc
n'eut-il pas fini de parler, qu'il
lui répondit dans le goût de son
caractere. » Je ne doute point,

„ lui dit-il, combien l'honnête
„ homme souffre pour commet-
„ tre un crime ; mais c'eſt quand
„ il eſt queſtion d'un crime réel,
„ comme l'aſſaſſinat, le viol ; fi,
„ cela eſt horrible ; mais prens-
„ tu pour crime une ſimple ga-
„ lanterie ? Il vaudroit mieux
„ pour toi d'enlever cette fille
„ ſi rare mille fois, que de l'é-
„ pouſer ; c'eſt une étourderie
„ de jeuneſſe qu'on pardonne à
„ notre âge, quand nous enle-
„ vons une fille qui ne peut s'al-
„ lier à nos noms ; mais c'eſt
„ un crime impardonnable que
„ de ſonger ſeulement à s'unir à
„ elle ; au premier cas, nos pa-
„ rens nous prêtent volontiers
„ la main, au deuxiéme cas, ils
„ nous accablent de leur haine
„ & de leur mépris : telle eſt la
„ loi que notre orgueil ſouffre
„ avec plaiſir. Il en eſt donc clair
„ qu'en enlevant l'objet de tes

„ amours, tu ne feras rien que
„ de conforme à notre usage.
„ D'ailleurs, ta mére sçait que
„ cette fille t'aime, tu auras à
„ lui oppofer fon confentement,
„ qui fera toujours préfumé ;
„ une mere, j'en conviens, eft
„ moins traitable fur ces fortes
„ d'enlevemens, qu'un pere ;
„ mais après tout elle s'appaife ;
„ la tienne fera dans ce cas,
„ d'autant mieux qu'elle fe per-
„ fuadera aifément le confente-
„ ment de ta Dulcinée. Il faut
„ cependant que tu confidéres
„ que la façon d'enlever une fille,
„ décide encore du bien ou du
„ mal ; l'art dans tout fait hon-
„ neur, & la fimplicité eft tou-
„ jours un vice deshonorant,
„ même en faifant le bien. Cet
„ art eft encore une loi parmi
„ nous, il faut s'y conformer.
„ Pour fuivre les principes de
„ l'art en pareille matiere, il faut

» que l'enlevement se fasse sans
» bruit, sur un prétexte hon-
» nête, que la fille enlevée soit
» déposée dans un endroit con-
» venable, assez éloigné pour
» que le bruit de l'enlevement
» ne puisse sitôt se répandre ;
» laisser la fille entre les mains
» de gens affidés, qui lui fassent
» goûter petit à petit le plaisir
» & l'honneur d'avoir tant coûté
» de peines, de soins & d'amour
» à un jeune Seigneur de notre
» trempe ; la vertu de la fille se
» dissipe, ses cris s'appaisent ,
» ses larmes se tarissent, l'amant
» paroît, & tout est content ;
» dès la premiere épreuve je
» gage que la fille ne voudroit
» point sortir de son azile ; &
» que loin de se plaindre, elle
» te donnera en bonne forme
» des certificats autentiques de
» sa vertu & de la tienne.

Le Duc applaudit à ce discours

moral, embrassa son ami, & lui
promit de prendre une autre
figure, & une autre conduite ;
mais cependant réfléchissant sur
le lieu du dépôt, il fut emba-
rassé ; aussi pour se tirer d'inquiétude, il repliqua à son confident : « Voilà de beaux princi-
» pes, ils sont même fort justes ;
» mais où trouver cet azile ?
» Voilà mon embarras. Que tu
» es neuf, interrompit le Com-
» te, tu connois bien le Mar-
» quis de *. *. *. * Il faut le met-
» tre dans notre confidence....
» C'est un étourdi, lui reposta
» le Duc.... Etourdi tant que
» tu voudras, il ne l'a jamais été
» sur cet article, lui repliqua le
» Comte, écoute-moi seulement.
» J'ai une terre en Normandie,
» où tu sçais que je vais passer
» le tems que je suis absent de
» la Cour, elle est à vingt-cinq
» lieues d'ici, & même j'en porte

„ le nom ; toute l'année j'y ai
„ bonne compagnie, & je n'en
„ reçois aucune que celle que j'y
„ ai mise, & qui y est encore ac-
„ tuellement ; là, est une femme
„ âgée d'une soixantaine d'an-
„ nées, fort fraîche, qui est
„ étrangere & qui aime la joye,
„ quoique prude & sérieuse, elle
„ a même un air de grandeur,
„ qui sçait en imposer à tout
„ mon monde, elle fait toutes
„ mes affaires, & j'en suis fort
„ content ; d'ailleurs ma mere
„ l'avoit vûe à titre d'amie,
„ elle ignore ce petit commerce
„ de nos amours, & cette igno-
„ rance de sa part fait toute
„ notre sureté ; tu sçais qu'il y
„ a quelque tems que l'enleve-
„ ment de cette Actrice de l'O-
„ pera fit beaucoup de bruit
„ ici, mais qu'on n'a pû décou-
„ vrir ni l'auteur de cet enleve-
„ ment, ni l'endroit où elle s'est

„ retirée ; on la croit en Angle-
„ terre : point du tout, elle est
„ à mon Château, & tient com-
„ pagnie à cette femme ; tu sçais
„ qu'on a accusé notre étourdi
„ le Marquis de * * * d'avoir
„ fait un pareil enlevement de la
„ fille de ce Marchand de Paris
„ de la ruë de * * * qui est venu
„ ici former des plaintes contre
„ lui, qu'on a fait même des in-
„ formations ; le Marquis s'est
„ lavé de toutes ces accusations,
„ il vient cependant à ma terre
„ quand j'y suis, ou se dérobe
„ quelques instans pour y aller
„ sans moi. Eh bien ! cette fille
„ est dans ce Château sous la
„ même discipline, & tient com-
„ pagnie à la mienne ; si je veux
„ en croire le Marquis, ils sont
„ fort contens l'un de l'autre,
„ mais ceci n'est pas mon affaire.
„ Par amitié pour toi je t'of-
„ fre les mêmes secours, & les

» mêmes services, & la même
» protection de ma femme d'af-
» faires.

Le Duc, comme vous pensez
bien, se sçut bon gré de sa confidence, & estima ce jour comme
le plus heureux de sa vie ; plus
de soucis, plus de chagrins,
plus de remords ; il embrasse le
Comte, le remercie, l'assure de
son amitié sans bornes.... Ces
protestations finissent.... On lie
la partie du souper avec le Marquis de * * * auquel il faut faire
la confidence. Ces deux Amis
quittent leur solitude, heureusement ils rencontrent le Marquis ;
tous trois ensemble au comble
de leurs vœux de retirer le Duc,
leur digne ami, d'une situation
d'esprit qui dérangeoit leurs plaisirs, vont souper ; cette confidence se partage, on est d'accord ; chacun fête la joye com-
mune le verre à la main, le tems

paroît trop long, pour l'exécution des delleins projettés. Il eſt
queſtion de préparer les voyes à
l'enlévement ; tout le reſte eſt
diſpoſé ; il fut au Marquis le
rôle d'en tracer le plan. Il rêve,
il médite, il invente enfin ; ta
mere, dis-tu, en adreſſant la parole au Duc, ſçait que tu es aimé de Sophie : bon. Tu ſçais que
ta mere aime Sophie, dis-tu encore . . . . . Cela eſt excellent, tu
viens de nous dire qu'élle l'envoye ſouvent chercher du Couvent où elle eſt . . . . . Voilà qui
eſt divin ; je n'ai plus d'embarras,
retourne chez ta mere, montre-
toi avec cet air ouvert que nous
te voyons . . . . . Reſte quelques
jours avec elle . . . . Puis fais lui
tes adieux ; mais auparavant tâche d'attrapper ſa ſignature au
bas d'un papier blanc, tu écriras
au-deſſus que ta mere étant malade, elle te charge de l'aller

chercher ; tu feras tes adieux à
ta mere, tu iras au Couvent, tu
demanderas Sophie ; elle viendra, tu lui donneras la Lettre de
ta mere, Sophie se fiera à toi ;
elle te suivra ; au lieu de carosse,
tu auras ta chaise de poste, &
puis fouette cocher ; à nous la
Belle, que tu conduiras dans notre Serrail. Ce n'est pas tout encore, il faut que le Comte parte
pour aller préparer l'appartement
que ta Belle occupera, qu'il le
rende plus beau que les autres,
parce qu'il sera occupé par une
Duchesse, & qu'il donne ordre
à Laquais, Femmes-de-chambre
& à tous les colifichets de ces
enfans de l'Amour.. Quel fond
d'imagination !. quelle prudence !
quelles précautions ! se dirent
mutuellement nos étourdis, à la
louange du harangueur. Bref,
le Duc part le lendemain pour
aller voir sa mere, le Comte part

pour ſa Terre, on prépare de
part & d'autre les inſtrumens
odieux qui doivent conduire la
victime au lieu du ſacrifice.

La Ducheſſe enchantée du
changement total dans la phiſionomie de ſon fils, le reçoit,
l'embraſſe avec une joye inex-
primable; elle m'en écrit ſur ce
ton; je m'en réjouis avec elle.
Peu de tems après, ce perfide
lui demanda la permiſſion de me
venir chercher à mon Couvent
pour m'amener au Château;
qu'il ſeroit d'autant plus aiſe de
me voir, qu'il devoit partir dans
deux jours pour la Cour, & delà pour la Campagne prochaine;
que d'ailleurs il ſçavoit qu'il me
devoit des remercimens de la
peine & de la douleur que j'avois
reſſenties au moment de ſa triſte
maladie.

Bien loin que la Ducheſſe ſe
refuſât à cette marque de recon-

noiſſance de ſa part, elle l'engagea elle-même à lui rendre ce ſervice ; mais, lui dit-elle, il faut
de fortes raiſons pour la forcer
à ſortir de ſon Couvent, elle ne
vous croira jamais, ſi vous n'ê-
tes muni d'une Lettre de ma
pait, ſur la foi de laquelle elle
ſe livrera à vos ſoins. C'étoit juſtement ce que ſouhaitoit le jeune
Duc. En effet, ſa mere paſſant
dans ſon cabinet, dépêcha ſa
Lettre, la remit à ſon fils, qui
le lendemain arrivant au Couvent, au moment que Sophie é-
toit déja négligeamment habillée,
la fit avertir de la part de ſa mere, elle parut, ſe ſaiſit de la Lettre, la lut, & y trouvant ces
mots : » Ma chere fille, je ne me
„ porte point bien. Mon fils ſe
„ charge de te remettre cette Let-
„ tre & de t'amener ſauprès de
„ moi, ſans tarder ſuis-le, & ac-
„ cours entre les bras de ta bon-

„ ne amie la Duchesse de * * *.

Je l'avouerai, l'air grave du
jeune Duc, sa phisionomie découverte, son respect en m'abor-
dant, me saisirent d'une réelle satisfaction ; je courus à Madame
l'Abbesse lui faire part de la Lettre de sa sœur, elle la lut avec
quelque chagrin que lui causoit
l'indisposition prétendue de sa
sœur, que son amitié pour elle
lui présentoit déja comme une
maladie réelle. » Partez vite, me
dit-elle, mon cœur, » & donnez-
„ moi en arrivant des nouvelles
„ de la santé de ma sœur. « Je
sortis au plus vîte de l'appartement de l'Abbesse, je me con-
tentai du plus simple nécessaire,
j'arrive à la porte d'entrée, où
la chaise du Duc m'attendoit. Il
me présenta la main avec grace,
je monte, & me voilà partie; le
jeune Duc étoit à cheval, & par
décence, ainsi me le persuadois-

je., il n'avoit pas voulu se mettre à côté de moi. Je lui sçus bon gré de cette attention : je l'avouerai, mon cœur s'intéressa à toutes ces observations, & le jeune Duc me devint cher.

Je perdis bientôt de vûe le Duc de * * * je ne devois pas en effet le revoir sitôt, il avoit pris un autre chemin ; il me falloit deux petites heures pour arriver au Château, il y en avoit déja six que je roulois, cela m'inquiéta, mes sollicitudes redoublerent, lorsqu'au bout de ce tems je sentis ma chaise arrétée & que l'on me changeoit de chevaux ; je suis trahie, m'écriai-je tout haut ! mais personne ne m'entendit ; ah ! scélerat, adressant la parole à un homme qui étoit déja loin de moi & qui rioit sans doute de mes horreurs secrettes, dont sa perfidie étoit l'ouvriere ; ah ! scélerat, tu em-
pruntes

prunte le langage de la vérité la
plus pure pour me tromper &
m'accabler du coup le plus cruel.
Ces premiers mouvemens une
fois passés , je remis le calme
dans mes esprits , & m'armant de
la force de ma raison , je raison-
nai ainsi. Ce n'est pas pour attenter à mes jours que le Duc a
pris ce parti contre moi , sa fureur est l'Amour , opposons-lui
une ame ferme , un cœur géné-
reux , & n'employons que les
seules forces d'une vertu éclairée,
il ne rira point de mes pleurs , il
ne se jouera point de mes larmes , les cris , les emportemens
sont une marque de foiblesse ,
les reproches ne peuvent se soutenir longtems ; il étoit préparé
à ces débats d'une vertu qui pé-
rit en cédant à ses allarmes. Pré-
pare-toi mon cœur à le recevoir
avec autant de décence & de politesse que si tu étois au Château

de sa mere, sûrement il n'employera ni violence ni transports criminels. J'avois près de dix-huit ans pour lors, un premier crime coûte toujours à un cœur, le libertinage énerve les forces, & la vertu ferme & assurée est le plus sûr garant contre les assauts du crime. Emploïera-t-il ces Pantomines Françoises pour me séduire? Il me divertira alors.

Ce fut dans ces dispositions d'esprit que j'abordai le Château du Comte de * * * où j'arrivai assez tard: c'étoit sur la fin du mois de Septembre. Une Dame d'assez bonne mine, d'un certain âge, & telle que vous en avez vû le portrait au commencement de mon Histoire, se présenta à ma portiere, me donna la main, deux grands Laquais sans livrée m'éclairoient avec un flambeau à la main, je descens, je monte le peron d'entrée, où deux

Femmes-de-chambre qui por-
toient chacune une lumiere m'at-
tendoient, elles me donnerent la
main, & me conduisirent dans
l'appartement qui m'étoit préparé.

La femme qui m'avoit aidé à
descendre de la voiture, m'intro-
duisit dans ma chambre, & voulant me faire compliment de
mon heureuse arrivée, je l'interrompis en lui disant d'un ton de
voix mâle & assuré : Madame,
j'ai plus besoin de repos que de
compliment, faites-moi le plaisir
de me faire donner un bouillon,
& de permettre que je me cou-
che; je ne suis point accoutumée
à rouler si longtems, & surtout
sans rien prendre. Mademoiselle,
me dit-elle, vous feriez trop de
tort & à moi & à mes filles, si
vous vouliez vous dispenser de
nous faire l'amitié de vous mettre à table avec nous, le souper

eſt ordonné à votre arrivée, &
après la table, vous ſerez libre de
vous retirer ; voilà un Laquais
qu'elle me préſenta qui eſt à votre ſervice, & ces deux Demoiſelles en parlant des deux Femmes-de-chambre qui ſont ici à
vos ordres. Cela ſuffit, Madame,
lui répondis - je d'un ton ſec,
faites ce que je veux, & me laiſſez
ſeule avec les gens que vous
m'avez deſtinés. Je vis cette
femme fiere pâlir & rougir pour
la premiere fois ſans doute de ſa
vie, elle me ſouhaita le bon ſoir,
& me laiſſa : c'étoit ce que je
demandois.

Un moment après, on ſervit
dans ma chambre un petit ſouper fort joli ; je me mis à table,
je mangeai aſſez bien ; car je
vous avoüe que je me ſentois
apetit, un cœur tout à lui laiſſe
toute liberté à la nature. Je voulus en ſoupant ſonder un peu la

façon de penfer de mes furveil-
lantes ; je leur demandai à qui
appartenoit ce Château. A M. le
Comte de * * * me dirent-elles,
y vient-il fouvent ? Non, Madame, il y eft venu il y a huit
jours, & nous a amenées ici ;
quelle eft cette Dame qui m'a
introduit ici ? C'eft une femme
qui fait ici fes affaires, & qui
nous paroît fort intelligente ; &
vous, m'adreffant au Laquais qui
me fervoit, à quelle fonction
êtes-vous deftiné ? Mademoifelle, me dit-il ; je fuis frere de
Mademoifelle en fe tournant du
côté de la plus jeune de mes
filles. Nous ne nous fommes jamais quittés, car j'ai toujours
peur qu'il ne lui arrive malheur
fi je l'abandonnois, nous nous
aimons ; & comme notre maîtreffe ne pouvoit s'accommoder
d'elle, j'ai demandé mon congé,
pour la fuivre : c'eft, Mademoi-

felle, en fe tournant du côté de
la plus âgée, qui nous a prévenu
de votre condition, M. le Comte, fort content des informa-
tions qu'il a pris fur notre compte, nous a arrêtés tous trois pour
nous mettre à votre fervice, en
nous affurant que vous deviez
arriver ici bientôt, pour épou-
fer M. le Duc de *** Pendant
qu'il me parloit, j'avois les yeux
attentifs à la contenance de la
plus âgée de ces filles, elle fembloit retenir des larmes prêtes à
couler. Qu'avez-vous, Mademoifelle, en interrompant le Laquais, vous me femblez fouffrir
quelques peines. Hé, Mademoifelle, me dit-elle fur le champ, je
crois que vous & nous fommes
les dupes de ce déguifement,
votre phifionomie m'a frappée,
& je penfe qu'il fe paffe chez
vous les mêmes réflexions dont
je fuis agitée. Eh ! d'où me con-

noissez - vous, Mademoiselle?
Vous êtes la fille du Sécretaire
de M. le Duc de * * * intime
ami de Madame la Princesse de
* * * qui étoit ma Maîtresse, &
que je n'ai quittée qu'à la mort.
Depuis la mort du Prince & de
M. le Duc de *** Madame la Duchesse & la Princesse se voyoient
souvent, elle vous a amenée
quelquefois avec elle, & j'ai entendu ces deux Dames faire mille
fois votre éloge, vous ne me remettez pas. Y a - t - il longtems
que la Princesse est morte? hélas non, Mademoiselle, reprit-
elle, il n'y a pas un mois. C'est
même au retour des terres de
Madame la Duchesse qu'elle est
tombée malade, el'e y a beaucoup entendu parler de vous, de
votre mérite, & de vos progrès
au Couvent de * * *. Elle étoit
informée de la conduite & du
caractere de M. le Duc de ***

ce qui paroiſſoit beaucoup la cha-
griner. Mais pour en revenir à
ce Château, tout ici me paroît
être le théâtre du libertinage &
du crime, je peux parler hautement devant mes Compagnons
d'infortune ; cette femme que
vous avez vûe eſt à la vérité la
Maîtreſſe de Château, elle commande, elle ordonne, & gere
tout ici ; mais je ſuis bien trom-
pée ſi ce n'eſt une Avanturiere,
elle n'eſt ni Françoiſe, ni An-
gloiſe, ni Allemande, ni Eſpa-
gnole, ni Italienne, on ne ſçait
d'où elle eſt : Elle eſt haute, fiere
& diſſimulée, elle paroît avoir
l'eſprit orné, fin & ſéduiſant. Il
y a ici deux jeunes Demoiſelles,
dont l'une eſt une Actrice d'O-
péra, l'autre je ne la connois
point, elle les appelle ſes filles,
mais elles ne tiennent rien d'elle,
je crois la premiere Maîtreſſe de
M. le Comte, je m'en ſuis apperçue

perçue quand il nous a amenées
ici, pour l'autre elle me paroît
bonne fille, bien élevée ; mais
elle porte un fonds de chagrin
& de mélancolie qui la défigure
& l'altere. Je me suis apperçue
à votre air en arrivant, que vous
n'étiez pas ici de bonne volonté, la façon dont vous avez parlé
à cette femme paroît lui en avoir
imposé ; enfin que vous dirai-je,
Mademoiselle, je voudrois être
dehors d'ici , & je pense que
nous ne risquons rien à vous
prier de recevoir nos confidences. La plus jeune versa un torrent de larmes, & son frere qui
n'avoit point fait encore aucune
de ces remarques, & qui quoique sage étoit assez simple, voulut faire du bruit ; je l'appaisai,
& adoucis les craintes de mes
filles auxquelles je commençois
à m'intéresser. Je leur fis mes remercimens avec bonté , & les

L

affurai qu'elles ne devoient point
plus appréhender que moi, que
je fçaurois trouver les moyens
de les garantir de toute infulte;
& fans m'expliquer davantage,
je leur demandai fi elles avoient
une chambre à côté de la mienne. Non, Mademoifelle, me dit
l'aînée, c'eft encore une de nos
douleurs, nous fommes logées
dans le Pavillon à main gauche,
éloigné du Château, il n'y a que
les Dames qui occupent feu-
les cet appartement ici. Sur le
champ je me levai de table, &
leur dis de me conduire dans
toutes les piéces de mon appartement; elles n'étoient pas nom-
breufes, mais bien diftribuées,
& encore plus ornées. A côté de
ma chambre à coucher il y avoit
un cabinet de toilette, & de
l'autre côté une garde-robe.
Ç'en fut affez, je dis à mon Laquais, il n'eft pas tard encore,

allez dire à cette Dame que je veux lui parler ; le Laquais revint, & me dit que Madame ne pouvoit quitter la compagnie, mais que dès qu'on auroit levé table, elle viendroit à mes ordres. Quelle compagnie donc, lui dis-je sur le champ & avec un pressentiment qui me saisit. M. le Comte est ici, me répondit-il, un autre jeune Seigneur & M. le Duc de * * * que j'ai entendu nommer, & qui paroît fort rêveur. Ah ! Mademoiselle, vous êtes pardue, s'écria l'aînée de mes filles.... Non, mes enfans, leur dis - je avec amitié, point de foiblesse & point d'allarmes. Mon Laquais voulut aller se saisir de son sabre, monument de ses travaux militaires; Mademoiselle, si vous êtes ici de force ou de ruse, commandez, je ne respecte rien quand on manque à une Demoiselle com-

ne vous, & ne fût-ce qu'à raison de ma sœur, je ne respec-
terois pas plus un Seigneur
qu'un chien. Tranquillisez-vous
la France, c'étoit le nom qu'il
s'étoit donné, retournez à cette
femme, & dites-lui de ma part
que je prétends être obéïe dès
que je commande ; en disant ce-
là , examinez ce qui se passera
sur toutes les phisionomies.

— Mon Laquais alla de nouveau répéter sa commission avec
promptitude , & m'annonçant
sur le champ la Dame d'affaires : Madame , lui dis-je , qui
que vous soyez dans cette maison , je prétends y être reçue
avec décence ; prenez la France, & vos autres Domestiques
pour m'apporter les lits de ces
Demoiselles dans mon cabinet
de toilette , & vous la France
n'oubliez pas de prendre le vôtre
& de le mettre dans mon anti-

chambre : voilà des ordres, Madame, que je prétends être exé-
cutés dans l'inſtant : Pendant ce
tems, Meſdemoiſelles, en parlant à mes filles, ſuivez - moi.
Otez tous ces pompeux colifichets de Sophas & de Fauteuils
voluptueuſement commodes,
mettez-les dans le corridor, paſ-
ſez la toilette dans ma garde-
robe, cette piéce me ſuffit. Sur
le champ toutes mettant la main
à l'œuvre, tout fut dérangé, la
ſeule Femme d'affaires reſta in-
terdite ſans donner aucun ſigne
de vie, encore moins de contra-
diction. Allons donc, Madame,
lui dit la France en la tirant par
le bras, allons donc exécuter les
ordres de ma Maîtreſſe. Enfin
cette femme ſans ſouffler deſcen-
dit avec la France, & alla prendre les ordres du Comte, qui dit
qu'il falloit plier & ne pas faire
ſemblant de s'appercevoir du dé-

pit qui m'animoit. Le Duc n'étoit point tranquille. suivant ce qui me fut rapporté, il étoit intérieurement bourrelé , & entendant que l'on discutoit sur ce que je souhaitois, il ordonna à cette femme fort séchement de m'obéir. Sur le champ on apporta les lits de mes filles., la France apporta le sien, tout fut placé dans les endroits désignés, nous nous couchâmes fort tranquillement, & je dormis le mieux. du monde.

Le lendemain chose nouvelle; il étoit environ dix heures du matin lorsque je m'éveillai , j'appellai mes filles, il y avoit déja du tems qu'elles étoient éveillées, elles n'avoient pas même fermé l'œil de la nuit ; elles se leverent, s'habillerent & vinrent à moi sur le champ. Avez-vous bien dormi, leur demandai - je ? Non en vérité, Mademoiselle, me dit la cadette, nous avons entendu des chofes fi horribles que je n'ai pas la force de vous les raconter, tant j'en fuis émue. Comment donc, mes cheres filles, leur repliquai-je? Racontez-moi cela, je vous prie, en m'adreſſant à l'aînée.

Vous ſçavez, Madame, que l'appartement de M. le Duc de * * * n'eſt féparé du vôtre que par une cloiſon de boiſerie qui fépare vôtre cabinet de toilette, & qu'il y a une porte qui paroît à peine, mais qui nous a été fi bien déſignée que nous nous en fommes apperçues véritablement ce matin. A peine commencions-nous hier à nous endormir que nous avons été éveillées fur le champ par les cris, les pleurs & les apoſtrophes de M. le Duc de * * * C'eſt à fa voix que je l'ai reconnu. Voici ce qu'il difoit : Indignes amis vous m'avez trahi,

vous me deshonorez, vous mettez une mere au tombeau , &
une fille que j'adore aux portes
de l'ignominie ; vous livrez mon
cœur au deshonneur le plus bas
& le plus lâche qui se soit vû
dans la nature. Que je suis criminel ! non, je ne puis y survi-
vre .... De quel front oser l'a-
border ... quoi ! ... placer Sophie dans le Temple infâme de
la prostitution ..... Ne puis-je
conserver mon orgueil & lui laisser son innocence ? De quel voile
couvrir cet attentat aux yeux des
autres, pendant qu'aux miens je
ne peux le voiler du moindre
prétexte raisonnable ? .... Elle
m'aime, je n'en puis douter ...
Mais m'en a-t-elle fait l'aveu ...
Je l'adore. .... Comment & de
quel air méprisable lui ai-je dé-
claré ma passion .... Elle m'en-
tendoit bien ... Cruelle Sophie.
Mon amour nous perd tous

deux.... J'ai voulu m'éloigner....
J'ai voulu noyer cet amour dans
les bras du libertinage , ou le
faire périr avec moi dans les
combats. .... Je reviens plus en-
flâmé que jamais.... & je fuc-
combe à une lâcheté, à des indignes confeils.....Non, Sophie,
non, ma chere Sophie, je veux
expier cette offenfe en me jettant
à vos genoux. .... Mais l'ingrate
qui méprife mon amour......
fçaura méprifer mes larmes. Non,
non .... achevons ce que nous
avons commencé. .... Le deffein
en eft pris, tous les frais de mon
deshonneur font faits. .... Je ne
ferai pas moins coupable, malgré mon repentir ; tout ce dialogue mille fois prononcé &
mille fois répété, allant & vè-
nant dans fa chambre, s'en prenant à tout ; enfin las & fatigué
de tant de tumulte, il s'eft cou-
ché fort tard.

Sur les sept heures du matin, M. le Comte est entré, & le trouvant apparemment défait & languissant dans les horreurs des remords, qu'avez-vous mon cher Duc? Quoi! lorsque tout vous rit, que vos desseins ont eu l'effet que vous désiriez ardemment, que nous-mêmes nous nous sommes prêtés à cette espéce de délire dont nous sommes souvent atteints, vous vous emportez contre nous. Le Marquis est fâché contre vous, il vouloit repartir ce matin, je l'en ai empêché, & j'ai voulu vous voir avant qu'il prît aucun dessein contraire. En quel état vous trouvai-je..... Vous vous feriez peur à vous-même, levez-vous mon cher ami, venez faire un tour dans le Parc. Ces Demoiselles sont levées; elles vous amuseront, ou nous deviserons aux moyens de fléchir votre Belle.

Le Duc alloit répondre quand
le Marquis entra. Eh bien Comte, as-tu enfin décidé ce tendre
Médor ? Et se tournant vers le
Duc : Quoi ! comme te voilà
fait.... Tu me fais pitié, as-tu
fait cette nuit quelques tendres
élégies ; t'es - tu préparé à des
douceurs, à demander pardon...
Parbleu si j'étois en la place de
ta Dulcinée , je te ferois bien
acheter la victoire..... Elle fit
hier la précieuse , aujourd'hui
elle fera bien l'impertinente ; va
crois-moi.... franchis le fossé,
monte brusquement à l'assaut,
tu seras content, & elle enchantée .... Allons, cher Duc, point
de raisonnement , léve - toi, &
suis mes conseils. Vos conseils,
perfides amis, repliqua le Duc.
Le Marquis l'interrompant, que
vas - tu nous dire .... des phé-
bus, des vertus ; va, va, tu ne
connois pas les femmes......

Sçais-tu Duc, que j'ai mes peines comme tu as les tiennes; mais je ne suis pas plus chagrin, ma petite mutine m'a laissé passer la nuit dans mon lit, je l'ai laissé dans ses caprices, j'ai dormi fort tranquillement... Point de chagrin en amour.... Tiens Comte nous perdons notre tems à l'instruire, allons lui préparer les voyes. A cette saillie le Duc se fâcha; mais le Comte toujours dans son sens-froid, lui dit: Marquis, je ne crois pas que ce soit à toi que le Duc confie ce message; il faut songer à accoutumer cette fille ici, avoir pour elle toutes sortes d'attentions; cette fille a été très-bien élevée, il faut qu'elle n'ait aucun lieu de se plaindre: voici ce que je pense. Lorsque j'aurai vû quelqu'un de ces gens, je m'informerai si elle est visible, je l'irai trouver, & verrai à disposer les

esprits, ou à difposer les nôtres;
mais furtout faifons en forte
qu'elle ne s'apperçoive point de
notre libertinage. Le pis - aller
fera de la renvoyer fans bruit,
au moins elle ne fe plaindra ni
de nous ni de notre conduite.

Le confeil fut accepté, & le
Duc fe confiant à fa difcrétion,
fe remit de fon trouble, pria fes
amis de le laiffer repofer, & de
le difpenfer de les fuivre. Voilà,
Mademoifelle, ce que nous pouvons vous apprendre, & ce qui
vous fuffit pour vous préparer
à les recevoir. Cette fille finif-
foit à peine que le Laquais entra
pour annoncer la Femme d'affaires du Comte. Qu'elle entre,
dis-je, fur le champ. Que me
voulez-vous, Madame, pour cou-
per court à la harangue qu'elle
s'étoit préparée ? Sçavoir comment vous vous portez, Mademoifelle, & comment vous avez

passé la nuit : souhaitez-vous de-
jeuner...... & que voulez-vous
prendre........Apportez-moi un
bouillon, lui dis-je, & laissez-
moi. Cette femme voulant ensuite passer dans la chambre de
mes filles, je l'en empêchai. Où
allez-vous, lui dis-je, cet appartement est à moi, vous n'y avez
que faire. Elle voulut insister ;
mais la France la prenant par
le bras, lui fit rebrousser chemin
en la conduisant à la porte, &
je l'entendis dans l'antichambre
lui dire, que si quelqu'un étoit
assez mal avisé que de vouloir
faire de la peine à sa Maîtresse,
qu'il sçauroit le ranger à la raison. Sans doute qu'elle alla rendre compte de sa réception à ses
Hôtes, car elle ne m'envoya
mon bouillon que longtems
après.

Le Comte qui épioit le moment de pouvoir entrer, sachant

qu'il étoit jour chez moi, me fit demander la permiſſion d'entrer. Je le fis prier de me laiſſer lever, & habiller, que je le ferois prévenir du moment où je ferois en état de le recevoir. J'ordonnai à la France de ne point quitter l'antichambre, & à mes filles, de ne point me laiſſer ſeule.

Dès que je fus en état de me préſenter, le Comte parut, ſa phiſionomie étoit fort décente, un ton de voix qui m'annonçoit un heuréux caractere ſe fit entendre, toute ſa perſonne m'intéreſſa. Je n'eus pas moins lieu d'être charmé de ſon eſprit fin délié, inſinuant même. Permettez-vous, Mademoiſelle, au Comte de * * * de ſe féliciter du bonheur d'avoir chez lui la plus charmante fille que j'ai encore vuë, je ne ſuis plus ſurpris en vous voyant de l'amour que vous avez ſçû inſpirer à mon ami. Ah! Mademoiselle, si vous l'eussiez vû dans l'état déplorable où cet amour l'a plongé pour vous, vous lui auriez donné les mêmes conseils : nous ne nous flattons point, nous avons commis à vôtre égard le plus grand des forfaits, rien ne peut nous excuser, mais l'amour du Duc ne pourra-t-il trouver grace…. Jusques ici le Comte avoit toujours parlé la vûë baissée ; mais relevant ses yeux sur les miens qui étoient collés sur les siens, & appercevant la gravité de mon maintien que j'entremélois de sourires méprisans, je le vis se troubler, & bégayant quelques mots fort mal articulés, il se tut. Je me donnois bien de garde de l'interrompre, c'étoit encore ce qui le mettoit fort mal à son aise. Pendant ce tems je démélois les mouvemens de son ame, sur les traits d'une phisionomie qu'il

cherchoit

cherchoit dépeindre à mon goût. Enfuite reprenant la parole, je lui dis d'un ton de voix de douceur & de politeſſe.

Je ſuis très-fenfible, M. aux témoignages de reſpect & de déférence que vous me témoignez ; je ſuis heureuſe que le Château ait été le lieu du Rendez-vous ; je connois votre nom , votre politeſſe , vos égards pour mon ſexe, & je ſçai bon gré à M. le Duc de vous avoir préferé à tout autre ; c'eſt ſans doute un petit divertiſſement que vous voulez me faire prendre pour me dédommager des méditations du Cloître. Je vous en ſuis auſſi très-obligée, je demeurerai avec vous tant que je ne vous y ſerai pas incommode ; mais, M. m'y donnez - vous la liberté d'être ma maîtreſſe ? Aſſurément , Mademoiſelle , dit le Comte. Cela étant, faiſons nos conventions ;

M

ordonnez à une femme qui m'a
reçuë ici, de ne plus se donner
la peine d'entrer chez moi ; on
dit qu'elle a ici deux filles, dont
vous en connoissez une très-
particuliérement, ordonnez à ces
deux filles de rester avec celle
qu'elles appellent leur mere, que
l'on me serve dans ma chambre,
& que mes Domestiques soient
libres, je les prends à mon service tous trois, & je paye leurs
gages depuis le tems que vous
avez pris la peine de les amener
ici pour moi ; du reste quand il
vous plaira de finir cette Comé-
die, vous me ferez grand plaisir
de me permettre de me retirer.
Acceptez-vous ces conditions,
ou craignez-vous de vous com-
promettre avec la fille d'un Sécretaire de M. le Duc de * * *
Le pauvre Comte étoit tout interdit. Bon, dis-je en moi-
même, je réussirai, voila déjà

le plus réfléchi de nos jeunes étourdis qui ne sçait plus que répondre. Eh bien, M. lui répétai-je, où êtes-vous? Quoi ! une fille, une simple fille, une fille destinée à être une Héroïne d'amour, vous interdit & vous pétrifie..... Adieu , Mademoiselle, me dit le Comte en se levant brusquement, adieu nous avons fait une sottise.... Grand Dieu !.... tant de vertu, tant d'esprit, peut-il être le jouet, d'aussi grands libertins que nous sommes ? C'est en le conduisant avec le plus de décence. & de politesse de ma part, que j'entendis ces mots entrecoupés qui lui échappoient.

Ma porte n'étoit point encore fermée, que le Comte étoit sur l'escalier, & que je l'entendis apostrophé par un autre étourdi, qui faisant de grands éclats de rire se moquoit de lui : Quoi

Comte , te voilà rendu après une premiere entrevûë..... tu pleures..... où eſt donc ta fermeté de ce matin..... quoi, cette fille t'a fait trembler.... Ah pauvre nigaut, va, va, j'y vais moi , & tu verras de quelle ſorte je vais lui faire entendre raiſon. Tout beau, dit le Comte d'un ton fort & ſérieux, tu pourrois me répondre de tes extravagances ; eh mon ami, ſerois tu amoureux tout de bon..... Ah ! quel plaiſir, mon pauvre Duc , tu as un rival, ah ah ah !.... Le Comte le quitta apparemment, car je n'entendois plus que ce fou qui montoit en gambadant. Sur le champ je fermai ma porte , & ordonnai à mon Laquais de ne point faire entrer, que je ne fuſſe prévenuë.

En effet le Marquis, car c'étoit cet étourdi, frappa aſſez fort à ma porte. Mon Laquais ouvre,

le Marquis sans se faire annoncer
& toujours en riant, voulut tra-
verser l'antichambre pour entrer
tout de suite. Où allez-vous, lui
dit la France? Dequoi te mêles-tu
maraut? Je sçai où je vais. Prenez garde, lui dit la France, personne n'entre chez Mademoiselle
qu'elle n'en soit prévenuë. Tais-
toi, te dis - je, & ne sois pas assez insolent que de m'empêcher
d'entrer. Non, lui repliqua la
France, vous ne passerez pas
que je ne sçache votre nom, &
si Mademoiselle veut bien vous
recevoir. Je prévis que la France & le Marquis ne voudroient
céder ni l'un ni l'autre, & pour
prévenir l'évenement qui auroit
pû en arriver, j'ouvris ma porte,
& demandai quel étoit le bruit
que j'entendois. Qu'est-ce qu'il
y a pour votre service, dis-je à
ce jeune colifichet, dont la fureur étoit peinte dans les yeux?

Quoi! Mademoiselle, vous souf-
frirez qu'un Laquais m'insulte, je
suis le Marquis de * * * l'ami du
Comte, le maître de ce Château,
& du Duc de * * * votre très-
cher, & très-timide Amant ; M.
lui dis-je d'un ton plein de hauteur, ce Laquais que vous traitez si mal est à moi, il exécute
mes ordres, & tout Marquis que
vous soyez, vous n'êtes pas dif-
pensé de satisfaire aux ordres
que je lui ai donnés. La France,
écoutez ; s'il se presente jamais
quelqu'un qui soit assez téméraire que de vous maltraiter en
pareil cas, faites votre devoir,
vous m'entendéz.... Qu'appellez -vous, Mademoiselle, son
devoir ?... Son devoir, M. est
de chasser un insolent qui veut
entrer malgré les gens. Je vous
passe cette étourderie, Dieu
veuille qu'elle soit la derniere.

Ce petit Rodomont, ce petit

corps fluet, & tout à reſſorts, ce
petit viſage mignard, ce ton de
voix à l'agréable, me fit mille ex-
cuſes, & eut de moi-même la
permiſſion d'entrer. Mais à peine
aſſis, que ſe tournant du côté
de mes femmes, il lia converſation avec elles, & moi je m'a-
muſai de quelques chiffons de
toilette qui ſe trouverent à côté
de moi. Je laiſſai aller cette converſation pendant quelque tems,
au bout duquel il prit congé de
moi, ſans m'avoir dit un ſeul
mot. En le reconduiſant, je lui
dis : Il étoit inutile, M. de faire
tant de tapage pour entrer chez
moi, dès que votre deſſein étoit
d'entretenir mes filles, une autre
fois expliquez mieux vos intentions. Il rougit, il pâlit & ſortit.
Et de deux, dis-je en moi-même,
il ne reſte que le Duc, atten-
dons-le. . . . .

Ce pauvre petit Marquis, qui

n'avoit plus envie de rire, alla rejoindre, comme je l'ai sçu depuis, le Comte & le Duc, qui le voyant arrivé le cœur gros de l'insulte qu'il prétendoit avoir reçûe, s'en plaignit. Il fut blâmé. A quoi diable t'amuses-tu donc, dit-il au Duc, d'amener ici une fille, qui à sa beauté joint un esprit supérieur, & propre à nous faire tous trembler? Il nous faut des filles de manége, où des imbécilles, & non de ces Dames du haut stile; va, mon pauvre Duc, ne songe point à elle, ou pense à l'épouser, si elle veut de toi encore, de ce dont j'ai lieu de douter. Regarde le Comte, le voilà déjà ton rival, & moi qui le deviendrois si je pouvois lui faire quitter l'ascendant qu'elle a pris sur moi. Adieu, adieu, mes bons amis, je vous laisse filer ici le parfait amour, & m'en retourne; une fille que j'aime, & dont

je

je ne peux venir à bout, pleine de
caprices, une autre que tu en-
leves, & qui triomphe de nous
en s'en divertissant, nous voilà
beaux garçons, la risée de toute
la Cour, confondus, anéantis;
qu'avons-nous à répondre? Ma
foi j'aime mieux mes folles de
Paris, & mes Princesses d'Opera,
que toutes ces *Virtuofos;* il n'y a
point de dépenses, ni de formalités à observer, on les fait obéir
à coup de pied dans le cul, elles
nous réjouissent par leurs folies,
nous leur faisons faire fortune
fur notre nom seul, d'autres
payent, & nous nous jouissons.
Que nos peres étoient imbécilles! ils faisoient l'amour toute
leur vie sans jouir, & nous nous
jouissons avant l'amour.

Je ne sçus ce qui se passoit
entre eux, mais de la journée je
ne vis personne. Nous nous amu-
fâmes à regarder ma toilette, &

N

les garnitures des armoires, tout étoit d'un goût & d'une magnificence étonnante; je n'en ferai point le détail, mais je vous le ferai voir, car j'en suis encore parée.

La Duchesse s'interrompit, en me disant, voilà assez parler pour aujourd'hui, rentrons, & après le dîner je vous montrerai tous les beaux présens que me fit pour lors mon perfide amant, & que j'ai conservé à l'honneur du repentir de mon tendre Epoux. Ce fut ainsi que nous passâmes la journée...., & c'est ainsi que nous nous retirerons, dit la Compagnie, car il se fait tard. A demain, dit la Société, car l'histoire est intéressante; je vous l'avois bien dit, reprit l'Orateur, qu'elle vous amuseroit. A demain donc, à demain.

Fin de la première Partie.

LES PROMENADES

ET

RENDEZ-VOUS

DU PARC

DE

VERSAILLES.

SECONDE PARTIE,

LES PROMENADES

ET

RENDEZ-VOUS

DU PARC

DE

VERSAILLES.

SECONDE PARTIE.

A BRUXELLES.

Et se trouve à Paris,

Chez {
MUSIER Fils, Quai des Augustins.
DUCHESNE, rue Saint Jacques,
au Temple du Goût.

M. DCC. LXII.

LES PROMENADES
ET
RENDEZ-VOUS
DU PARC
DE VERSAILLES.

SECONDE PARTIE.

Ette histoire réelle ou romanesque peu m'importoit, quoiqu'assez naturellement renduë, me frappa, non dans les circonstances, mais dans ce caractere

II. Partie. **A**

fort & vraiment supérieur de Sophie. Nos plus scrupuleuses Héroïnes de Roman ont dans ces momens critiques des fatalités de destinée qu'elles ne peuvent éviter ; leurs cris, leurs plaintes , leurs allarmes sont autant de moyens pour les aider plus surement à céder à leur amour, & l'esprit seul qu'elles employent à cacher leur foiblesse, est le manteau de leur défaite. D'ailleurs les faits qui composoient le fonds de cet événement avoient un air de naturel & de simplicité, qui m'intéressoit véritablement, il me tardoit d'en sçavoir le dénouement : aussi le lendemain je me préparai à me rendre de bonne heure au lieu du rendez-vous , & de me mettre le plus près de l'Orateur , sans être trop scrupuleusement attentif à l'ordre des rangs. J'avois aussi mes avantures à courir,

de façon que le lendemain au
fortir de dîner, je me rendis au
Parc pour y faire le rolle du
Chevalier errant, non comme
Dom Guichotte pour y refaire
les torts & griefs des Demoi-
felles affligées, mais pour me
mettre du nombre de leurs Adorateurs.

J'allai donc prendre place dans
ces allées qui conduifent à Trianon. Après les avoir toutes inutilement parcouruës, je me rendis à Trianon, & en vifitai tous
les charmants bofquets. Je les
avois déjà vus, mais non avec
la même attention. C'eft vraiment un lieu deftiné aux amoureux plaifirs, furtout les compar-
timens & les dehors du Parc. Cependant qui l'eût cru ! quelques
enchantés que fuffent ces lieux,
quelques délices qu'ils m'infpi-
raffent, je n'y trouvai pas une
ame, & beaucoup d'ennui ; je

m'en revénois affez rêveur, &
déjà j'entrois fous les allées qui
me ramenoient aux Jardins de
Verfailles, lorfque je vis trois
femmes affifes fur un petit tertre,
qui fembloient devifer entre-
elles, & me regarder fixément.
A leur figure hâvre, noire &
décharnée, je les pris pour des
femmes pauvres, qui me deman-
doient l'aumône. L'une d'entre-
elles me faifoit un figne de la
main, comme pour me dire d'entrer dans les petits bois; l'autre
des yeux fembloit me dire de
fe fier à elle; & la troifiéme, dé-
tachant un fichu prefqu'en lam-
beaux, fembloit me vouloir tenter par des appas que je cherchois envain. Toujours dans
mes premieres idées que c'étoit
des pauvres femmes, je m'avançai, & leur donnai une piéce
de vingt-quatre fols, dont elles
me femblerent fort contentes,

& paſſant mon chemin, je les laiſſai derriere moi. J'allois aſſez doucement, lorſque j'entendis des pas derriere moi aſſez précipités, je me retourne, c'étoit juſtement la femme au ſein découvert qui me ſuivoit. Je m'arrêtai, elle s'arrêta, & me dit: M. vous croyez nous avoir fait la charité comme à des pauvres, mais nous ſommes des femmes qui méritons d'être traitées différemment ; vous êtes étranger, c'eſt pourquoi nous vous paſſons cette mépriſe ; je ſerai charmée de pouvoir vous apprendre l'uſage de Verſailles, ſi vous voulez m'écouter. Je le voulus bien, & l'écoutai : mais réfléchiſſant à mon Rendez-vous, je tirai ma montre ; il étoit heure de s'y rendre, je l'interrompis, & la quittai, en nous donnant rendez-vous ſur les neuf heures du matin à l'Iſle d'Amour pour

A iij

le lendemain ; ce que je lui promis, & promesse que j'ai effec-
tuée, ainsi que je le prouverai
par la suite.

Me voilà rendu au lieu de la
Séance, l'Orateur n'y étoit pas
encore arrivé ; j'eus le tems de
rendre compte de mon rendez-
vous du lendemain, on m'exhor-
ta fort à n'y point manquer, &
à ne point revenir sans avantures.
L'Orateur arriva enfin , & après
avoir toussé, craché, prélude des
grands Orateurs , il continua
ainsi son histoire.

Je vous laissai aux discours
moraux du Marquis de * * * *
& je vous ai promis le détail des
événemens qui suivirent la premiere journée, qui annonce le
triomphe de ma chere Sophie.
Le Marquis resta cependant malgré son dépit par amitié pour ses
deux amis, dont l'un étoit abi-
mé dans ses chagrins , & l'autre

envelopé du nuage d'un atten-
driſſement naiſſant, attendriſſe-
ment qui pouvoit paſſer pour de
l'amour. Pendant ce tems toute
la maiſon étoit dans le déſordre,
la maîtreſſe du Comte étoit fort
allarmée du changement de ſon
amant, elle ne put jouïr de ſa
converſation pendant la journée;
à table auprès d'elle toujours
rêvèur, aucune de ſes agaceries
ne portoit, la Femme d'affaires
de ſon côté indignée du mauvais
traitement qu'elle avoit reçu, &
des défenſes que lui avoit fait le
Comte de monter chez Sophie,
& de l'empire qu'il avoit donné
à cette fille ſur elle-même, cherchoit le moyen de répandre ſon
cœur dans celui des trois qu'elle
pourroit le plutôt rencontrer. Le
Marquis allant de belle en belle,
étoit le ſeul qui ſe divertiſſoit
dans ce Château rempli de larmes & de confuſion.

A iiij

Le Marquis s'apperçut à dîner que la maîtresse du Comte se montoit sur le dépit & la colere, & que Sophie avoit prévalu sur elle ; aussi en fin galant il lui donna la main au sortir de table, & alla se promener avec elle dans le Parc du Château ; la Femme d'affaires alla s'enfermer avec le Duc qui n'avoit rien pris de la journée, & qui étoit resté au lit ; Sophie s'étoit amusée avec ses femmes, & le Comte avoit rêvé. Ce n'est pas le tems de vous dire ce que les uns ont fait, & ce que les autres avoient déterminé, je m'éloignerois trop de mon sujet ; mais prenez patience, dit l'Orateur à la Compagnie, je ne prétends vous rien cacher, tout viendra à son tour. Je ne vous ai point encore parlé d'Emilie, la maîtresse du Marquis, cette triste fille joue le plus affreux des rolles, mais bientôt elle en jouera un des plus beaux.

Le Comte avoit défendu à sa Femme d'affaires de monter, & de laisser monter à l'appartement de Sophie aucune de ses filles, & d'un ton si impérieux qu'il n'y avoit pas à répliquer. Cette défense insinuée à Emilie, lui donna une forte curiosité de connoître Sophie, car tant de précautions & tant de caracteres changés dans un instant, ne pouvoient provenir que de Sophie; seroit-elle vertueuse, se disoit-elle, je n'en doute pas, car autrement elle seroit charmée de nous voir avec elle ; seroit-ce une malheureuse fille enlevée à ses parens, comme l'infortunée Emilie ? en ce cas quel charme pour moi de trouver une autre moi-même. Il m'est défendu d'y monter, mais ne puis-je pas trouver quelqu'expédient pour y monter seule, & me faire annoncer. Cette fille qui atterre tous ces libertins, ne peut que m'être d'un grand fecours ; tentons l'avanture, & demain à mon lever j'irai me préfenter à fa porte. En effet les circonftances étoient heureufes, le Comte étoit parti dès la pointe du jour, le Marquis avoit confolé Défordhire de la perte de fon Amant ; la Femme d'affaires tenoit compagnie au Duc. Tout étoit favorable à fon projet ; Emilie s'arme de fermeté, monte, frappe à la porte de l'appartement de Sophie, la France ouvre, & voyant Emilie, lui dit d'un ton affez brufque : ma Maîtreffe n'eft pas vifible pour des filles comme vous. M. lui repliqua Emilie, laiffez entrer une pauvre fille peut-être auffi malheureufe que votre Maîtreffe, & qui n'a d'autres reffources dans fon malheur qu'une mort prochaine qu'elle

est dans le dessein de se procurer,
laissez-lui l'espoir de se consoler
auprès de Mademoiselle Sophie.
La France le pauvre garçon, at-
tendri par les pleurs que versoit
abondamment la triste Emilie,
éveilla sa Maîtresse, & lui demanda si elle vouloit permettre à
Emilie d'entrer. Lui-même atten-
dri de l'état de cette infortunée
fille, se mit à pleurer pour im-
plorer la protection de sa Maîtresse en faveur d'Emilie ; Sophie se laissa fléchir, & Emilie parut. Emilie appercevant Sophie,
se jette à ses pieds, & y répand
un torrent de larmes. J'eus beau,
me dit ma chere Sophie, vouloir
interrompre ce cœur affairé sous
le poids de ses malheurs, & la
consoler par des lieux communs,
son ame pressée par la douleur,
fit perdre les forces de la nature,
elle s'évanoüit aux pieds de mon
lit ; touchée de compassion, &

n'osant la croire criminelle, j'appellai mes femmes qui la firent revenir à elle, après quoi lui ayant fait prendre quelque chose de confortatif, elle me pria de vouloir bien entendre le malheureux récit de ses funestes avantures. Cette fille assise dans un fauteuil à côté de mon lit, s'exprima ainsi.

HISTOIRE D'EMILIE.

» LE ton d'empire que vous
» avez pris en arrivant, &
» que vous soutenez si parfaite-
» ment, le changement subit im-
» primé sur toutes les phisiono-
» mies, & encore plus dans les
» cœurs de nos jeunes Seigneurs,
» la tristesse du Duc qui n'a pas
» paru ici de la journée, & ce
» morne silence qu'il affectoit le
» premier jour de son arrivée ;
» enfin le respect que je vois que

» tous ont pour vous, tout cet
» enfemble m'a fait prendre la
» hardieffe de contrevenir à l'or-
» dre qui nous fut donné hier
» par la maîtreffe de notre con-
» duite de ne pas nous préfenter
» devant vous; tout cet enfemble,
» dis-je, m'a fait penfer ou que
» vous etiez une victime fecrette
» de leur folle paffion, ou une
» perfonne refpectable par état,
» par mérite, & par vertu. A tous
» égards je ne pouvois me trom-
» per ; auffi à quelque prix que
» ç'eût été, j'étois réfolu de vous
» voir ; euffé-je dû affiéger votre
» porte, & vous attendrir par
» mes larmes. J'y ai réuffi heu-
» reufement, & vous me com-
» blez de joye en me permettant
» de vous faire part de mes in-
» fortunes. Je fuis fille de * * * *
» Marchand Jouaillier de la ruë
» de * * * * mon nom fuffit à
» prononcer, car mon pere eft

» connu à la Cour, c'eſt lui qui
» travaille pour elle. Nous ne
» ſommes que deux enfans, un
» frere aîné & moi. Mon frere
» eſt d'une figure fort prévenan-
» te, de l'eſprit & beaucoup de
» libertinage, intriguant, à qui
» rien n'eſt ſacré. J'en ſuis la mal-
» heureuſe victime. Tout jeune
» qu'il étoit, le métier de mon
» pere l'ennuyoit, il avoit des
» prétentions plus élevées ; mon
» pere le décida pour être de
» Robe, il lui fit faire ſes Etudes,
» ſon Droit, & l'introduiſit au
» Barreau ; mais lui ennemi de
» toute eſpéce de travail, s'occu-
» pa plus à faire ſa cour aux jeu-
» nes Seigneurs qui venoient
» chez mon pere que de toute
» autre choſe. Il ſe préſentoit
» avec graces, parloit bien, s'é-
» nonçoit avec décence; étourdi,
» libertin, ç'en fut aſſez pour s'at-
» tirer l'amitié des jeunes Sei-

» gneurs de son âge ; mon pere
» lui fournissoit abondamment
» tout ce qui pouvoit servir à ses
» plaisirs, c'est-à-dire de l'argent ;
» il étoit le plus élégant petit
» Maître de Paris ; aussi l'appel-
» loit-on le Milord Jouaillier.
» A ce caractere il possédoit au
» suprême dégré l'art de former
» des intrigues, & celui d'un se-
» cret inviolable, caracteres heu-
» reux qui attachent la jeunesse
» de la Cour à des subalternes.
» Mon frere inépuisable par une
» science si infâme, prodiguoit
» le mécanisme aux jeunes gens
» de la Cour. Il en fut bientôt
» aimé ; que dis-je ! adoré ; il
» étoit de leurs parties de plaisir,
» c'étoit lui qui les arrangeoit ;
» ce Serrail est de son invention,
» & c'est lui qui en est l'ordon-
» nateur secret, je dis secret,
» parce qu'il n'y paroît plus de-
» puis que j'y suis.

» Parmi toute cette jeune No-
» bleſſe, le Marquis de * * * *
» que vous avez vû, étoit le plus
» cher à mon frere : auſſi eſt-il &
» le plus étourdi & le moins en
» argent que les autres. Le Mar-
» quis s'attacha à moi par pré-
» férence, il me trouvoit à ſon
» gré, me voyoit quand il vou-
» loit, & n'ayant-pas de dépenſe
» à faire pour moi, il me devoit
» cette préférence. Il y avoit du
» tems que je m'appercevois qu'il
» me regardoit attentivement, &
» qu'il ſe plaiſoit avec moi. Je
» l'avoüe, il me divertiſſoit in-
» finiment ; ſes folies m'occu-
» poient, mais mon cœur ne me
» portoit pas à lui rendre de l'a-
» mour ; au contraire je le mé-
» priſois au fonds de mon cœur.
» Ma mere s'apperçut de ſon
» exactitude auprès de moi, elle
» me fit remarquer que ſes folies
» qui m'amuſoient pouvoient
cacher

»cacher quelque penchant qui
»pourroit me devenir dange-
»reux ; alors je soupçonnai de
»l'amour, je changeai de con-
»duite, bientôt il ne me vit plus.
» Mon frere m'en faisoit la guer-
»re, mais inutilement. Mon frere
»qui haïssoit le comptoir & son
»emploi, proposa au jeune Mar-
»quis de le faire entrer chez son
»pere en qualité d'Intendant. Il
»étoit Avocat : la proposition
»étoit de mise : vous sçavez la
»confiance dont le Roi hono-
»roit M. le Marquis de * * * *
»Il y fut introduit en qualité de
»conseil , mais subordonné à
»l'Intendant. C'est ainsi que les
»Avocats en usent; l'usage étant
»tel, on ne peut y trouver à re-
»dire. Le Marquis lui fit donner
»un appartement, & à l'Hôtel
»de Paris, & à l'Hôtel de Ver-
»sailles, où le pere du Marquis
»avoit plus souvent besoin d'un

II. Partie.   B

„ homme de lumieres qui fut à
„ ses gages ; de forts appointe-
„ mens lui furent donnés, équi-
„ page du Maître &c. Mon frere
„ quitte la Robe, prend l'épée
„ & se croit déjà un Seigneur de
„ conséquence. Point du tout,
„ il étoit ignorant, mais il étoit
„ le Mentor du jeune Marquis,
„ où plutôt secretement & la
„ main ouvriere & l'Agent de
„ ses plaisirs. Ce fut dans cette
„ situation, où il ne considéra
„ plus l'honneur d'une famille
„ qu'il méprisoit, ni le respect
„ dû à la vertu de sa sœur qu'il
„ ne croyoit pas plus sincere que
„ celle d'une fausse prude, qui
„ s'adonne à la coquetterie pour
„ être utile à sa vertu, & transf-
„ porte ainsi à sa vanité le soin
„ de donner ce lustre à la prude-
„ rie. Ce fut apparemment dans
„ cette situation que le Marquis
„ & mon frere se disputerent

„ enfemble la gloire de me cou-
„ vrir de honte. Mais comment
„ s'y prendre ? Voilà l'embarras,
„ car il ne falloit point de tapa-
„ ge , il falloit des prétextes hon-
„ nêtes , & un fecret inviolable.
„ Mon frere inventa le moyen
„ le plus convenable à ces fages
„ réfolutions. Il fut décidé que
„ mon frere contreferoit le ma-
„ lade , qu'on le rameneroit à
„ l'Hôtel du Marquis à Paris ,
„ afin d'avoir tout ce qui pour-
„ roit lui être néceffaire , que le
„ Marquis pere nous inftruiroit
„ de fa maladie & de fon retour
„ à Paris , afin que nous puif-
„ fions en prendre foin nous-
„ mêmes. Ce qui fut dit fut fait ;
„ un grand mal de tête faifit mon
„ frere ; il augmente , la fiévre
„ furvient, la maladie eft dès lors
„ dangereufe ; le fils fe plaint au
„ pere du Marquis, demande la
„ permiffion d'être transporté à

,, Paris ; le pere y confent, le
,, pere écrit au mien, & voilà
,, mon frere arrivé à Paris entre
,, les bras des Médecins. A peine
,, la Lettre fut-elle lûë, que ma
,, mere accourt à l'Hôtel ; mon
,, pere y retourne le lendemain ,
,, & moi je fuis commandée pour
,, le troifiéme jour. La maladie
,, n'eft plus fi férieufe, les Mé-
,, decins quittent mon frere, la
,, joye fe répand dans la maifon ;
,, mais ce malheureux a befoin
,, de compagnie, il demande celle
,, de fa fœur, on la lui accorde.
,, J'y paffois la journée entiere
,, fans y avoir vû une feule fois
,, le jeune Marquis ; je n'y pen-
,, fois même pas. On me fêtoit
,, tous les jours, & tous les jours
,, on me venoit prendre en ca-
,, roffe le matin, dans lequel on
,, me reconduifoit le foir. Un
,, jour, fatal jour ! un orage af-
,, freux fe fit entendre, la pluye

„ tomboit avec une impétuosité
„ affreuse, il me fallut attendre
„ qu'il fût au moins un peu passé,
„ il étoit tard, je m'ennuyois de
„ rester si longtems, ou peut-être
„ un pressentiment de mon mal-
„ heur fût-il la cause de la mé-
„ lancolie qui sentoit l'ennui. La
„ pluye cesse un peu, l'orage est
„ dissipé, on fait mettre les che-
„ vaux, mais on vient dire que
„ l'on ne pouvoit me donner que
„ la chaise du jeune Marquis qui
„ venoit d'arriver de Versailles,
„ & qui avoit pris le carosse pour
„ aller à l'Opera ; qu'apparem-
„ ment puisqu'il n'étoit pas de
„ retour à l'heure qu'il étoit, il
„ falloit croire qu'il fût à quelque
„ partie de plaisir, d'où surement
„ il ne reviendroit pas sitôt. Tout
„ cela avoit une apparence de
„ vérité que je ne pus contre-
„ dire ; au contraire fort aise que
„ le jeune Marquis ne pût me

,, rencontrer, je décidai pour la
,, chaise. Je dis adieu à mon
,, frere qui me pressa tendrement
,, la main, je monte en chaise,
,, & je viens ici. Jugez de mon
,, désespoir. Il y a six mois que
,, j'y suis, sans sçavoir des nou-
,, velles de ma famille, & agitée
,, du plus cruel désespoir. Le
,, Marquis vint me voir peu de
,, jours après, il voulut faire l'a-
,, gréable auprès de moi, & tour-
,, ner en raillerie mes refus opi-
,, niâtres, & en badinerie le tour
,, cruel qu'il venoit de me jouer.
,, Je le traitai les premiers jours
,, avec la plus grande dureté ; les
,, jours suivants avec mépris ;
,, enfin je fus longtems sans le
,, voir. Je cherchois des issues
,, pour me sauver ; mais j'étois
,, trop bien gardée. J'avois pour
,, compagne cette Actrice dont
,, vous avez sans doute entendu
,, parler ; quelle société pour un

„ cœur comme le mien ! la fem-
„ me d'affaires me traitoit avec
„ complaifance , & tâchoit de
„ m'infinuer le goût des plaifirs ;
„ mais tout fe trouvant inutile ,
„ on me laiffoit feule vivre à ma
„ fantaifie. Souvent je pleurois ,
„ tantôt je m'agitois, ici les crain-
„ tes m'affaiffoient, là le défef-
„ poir me ranimoit, dans un inf-
„ tant la vûë de mon enleve-
„ ment accabloit ma raifon, dans
„ un autre, la Religion me con-
„ foloit ; mais me peignant la
„ douleur de mon père & de ma
„ mere, leur inquiétude, leurs
„ larmes, leurs foupirs, je voulois
„ attenter fur moi-même.

„ Ce fut dans ces triftes dif-
„ pofitions de mon cœur que
„ j'appris votre arrivée. Bien loin
„ de me confoler de cette nou-
„ velle, j'en reçus un nouveau fu-
„ jet d'horreur ; quoi ! difois-je,
„ encore compagnie nouvelle.

B iiij

„ Cette fille est-elle criminelle ?
„ Quel objet pour moi ! Est-elle
„ vertueuse ? A-t-elle été enle-
„ vée ? Si cela est, je pourrai re-
„ cevoir quelque consolation....
„ Ici finit le récit des infortunes
„ d'Emilie. „

Quoi ! Mademoiselle , reprit
Sophie d'un air caressant & en
même tems d'un cœur rempli de
tendresse, vous êtes une innocente victime des folies du Marquis de * * * * & le triste objet
des manœuvres d'un frere le plus
scélérat que je connoisse. Soyez
tranquille, Mademoiselle, restez
avec moi , & vous y trouverez
un appui le plus ferme & le plus
constant, ou nous subirons ensemble le même sort. Je ne crains
rien ici au milieu de l'appareil le
plus affreux que je puisse jamais
concevoir ; permettez - moi de
ne me point développer à vos
yeux, je satisferai une autre fois

votre curiosité, restez avec moi
& ne me quittez pas. Cette fille
rassurée par ce ton mâle & fier
que je n'avois pas intérêt de quitter, se jetta sur mon lit, s'épuisa
en embrassemens & en témoignages d'une sincere reconnoissance. Ses larmes ne furent plus
que des larmes de tendresse, &
d'une généreuse affection. Oui,
Mademoiselle, me dit-elle, je
partagerai votre sort, & rien ne
pourra me détacher de vous.

Quand tous ces épanchemens
furent passés, suite ordinaire
d'une ame tendre & sensible,
j'appellai mes femmes, & je leur
dis. Allez, Mesdemoiselles, avec
ma chere Emilie prendre tout
ce qui lui est nécessaire dans sa
chambre, apportez-le ici, vous
le rangerez dans mes armoires;
tout ici nous sera commun, appellez la France. La France parut, je lui dis : Suivez ces

Demoiſelles, voyez ſi le lit de Mademoiſelle Emilie peut ſe tranſporter facilement ici, & apportéz - le dans ma chambre, vous ôterez ces fauteuils que vous mettrez au rang de ceux de ma garderobe, & vous poſerez à leur place le lit de ma chere Emilie.

Emilie tranſportée de joye ne s'occupa que du ſoin de ſuivre mes ordres ; elle emmena mes filles & la France dans ſa chambre ; ces Demoiſelles apportèrent en peu de tems le néceſſaire de cette fille, qui fut bientôt rangé dans mes armoires ; & comme le lit d'Emilie étoit un lit dans le nouveau goût, c'eſt-à-dire de ces lits qui ſe placent ſans peine partout, il ſortit aiſément de ſa chambre pour rentrer dans la mienne ; chacun mit la main à l'ouvrage, & dans moins d'une heure Emilie devint ma chere

compagne. Ce dérangement ne
se put faire sans bruit ; la femme-
de-chambre qui étoit à Emilie,
& une de ces filles propres à in-
trigue, alla avertir la femme d'affaires qui étoit à s'entretenir avec
le Duc. Cette femme indignée
de la hauteur avec laquelle je le
prenois, en empiétant sur ses
droits, accourut à ma chambre ;
mais tout étoit fini : aussi la France qui l'entendit à sa voix fu-
rieuse & son ton de frapper à
la porte s'y présenta, & lui dit
que tout ce qu'on lui avoit dit
étoit vrai & de l'ordre exprès de
sa Maîtresse, qu'elle pouvoit s'en
retourner, & qu'elle n'entreroit
point. Cette femme se radoucit,
& alla compter cette avanture au
Duc, qui vraisemblablement
l'appaisa, car depuis il n'en fut
plus question.

A l'heure du dîner j'envoyai
la France avertir que l'on servît

pour deux, & que l'on eût à mettre deux couverts. Tout cela fut ponctuellement exécuté. Nous voilà donc assez bonne compagnie dans un lieu de libertinage, & assez nombreuse pour n'avoir rien à craindre. Emilie rassurée reprit courage, son embonpoint se fortifia, & en vérité j'ai peu vû de filles nées dans son état avoir plus d'esprit, de décence, de mérite & de vraye vertu. Elle est fort bien mariée à présent, & je n'ai point de joye plus sensible après mon tendre Epoux que celle de la voir. Son malheureux frere, victime de son libertinage & de celui de ces jeunes Seigneurs, est passé dans les Isles, ou, s'il n'est pas mort, il languit sans doute dans les horreurs de son exil, d'où il ne sortira vraisemblablement jamais.

Dans notre solitude nous nous amusions ou à lire, car le Comte avoir une fort jolie Bibliotheque, on à de petites occupations de notre fexe, qui ne nous empê- choient point de nous livrer à nos réflexions & de nous com- muniquer nos mutuelles penfées. Nous reftâmes trois jours fans entendre parler de perfonne, auffi étions-nous fort tranquilles. Ils fe lafferont peut-être, me difoit fouvent ma chere Emilie, & peut-être à l'heure que nous parlons font-ils inquiets de la façon dont ils nous tireront d'ici. Le Comte y pourvoyoit pour eux, il étoit parti le lendemain de mon arrivée ; je l'ignorois, mais le fait n'en étoit pas moins conftant.

Quelle étoit la fituation du Duc ? Etoit-il même encore au Château ? Je le préfumois, mais je n'en avois aucune certitude : car on avoit eu le foin de le changer de chambre ; toutes ces

réflexions se faisoient à part moi,
& je n'en donnois point connoissance à ma chere compagne.

Les choses en cet état, la
France entra dans ma chambre
sur les onze heures du matin,
& me dit qu'il venoit de rencontrer M. le Duc * * * * qu'il
avoit l'air bien changé. Il vient,
me dit-il ; de me demander de
vos nouvelles, & sçavoir si vous
ne lui accorderez point la faveur
de lui permettre d'entrer. Il est
au jardin avec la Femme d'affaires, & Mademoiselle Desordhire se promene au loin avec
M. le Marquis. Allez dire à M. le
Duc, en apostrophant la France,
qu'étant ici le maître, il l'est
aussi de venir me voir quand il
jugera à propos, que j'ai ici
bonne compagnie qui lui aidera
à se remettre de ses peines.
Emilie frappée de ce sang-froid
& de ce ton gai & toujours trop

peu férieux pour l'auteur de mes malheurs, me regarda avec étonnement. Je ne peux vous rendre raifon, ma chere Emilie, de ma conduite, qui paroît vous furprendre. Défiez-vous des apparences de ma façon d'agir, & confultez toute ma conduite. La France alla faire ma commiffion, & au lieu de lui voir de la gayeté, comme il s'y étoit attendu fur fa phifionomie, il avoit repris le fombre d'une humeur inquiéte, & avoit répondu qu'il alloit le fuivre ; mais que dans l'inftant il avoit repris la converfation qu'il tenoit avec la femme d'affaires. Je ne doutai plus des remords qui agitoient le jeune Duc, & que la converfation qu'il avoit eue avec fa confidente ne fût un confeil dont il avoit befoin avant de me venir trouver : cette femme, m'avoit-on dit, avoit de l'efprit,

elle étoit infinuante, avoit même
des graces. Ces réflexions ban-
nirent toutes mes craintes, &
mon efprit étoit libre quand il
parut. Leur petit confeil fini,
ils ne crurent point pouvoir in-
venter de meilleurs expédiens
que de fe préfenter l'un & l'autre ; la France vint m'en prévenir : je lui dis de les laiffer
entrer tous deux. Ils entrerent,
la femme d'affaires entra la premiere, & me préfenta le jeune
Duc. Cette femme n'avoit plus
l'air fi impérieux, mais plus flat-
teur, elle m'approcha avec un
certain dehors engageant, mais
timide, fa voix palpitoit en s'é-
nonçant, & je vis le moment
où elle alloit fe jetter à mes genoux. Je regardai ces prétenduës
démonftrations comme un artifice ; & prenant mon ton altier,
je l'apoftrophai dans ces termes.
Croyez-vous, Madame, que
M.

M. le Duc ait befoin de votre
médiation pour entrer ici, vous
fçavez les ordres que j'ai donnés, & vous me ferez plaifir de
vous retirer. Quant à M. le Dùc,
il eft toujours le bien venu ; la
France, donnez à M. un fauteuil ; & vous, Madame, me
retournant vers l'introductrice,
votre miſſion eft faite, laiſſez-
moi. Cette femme accablée de
ces paroles pleines de mépris,
laiſſa tomber quelques larmes,
& la France entendit qu'elle difoit à voix baſſe. Hélas ! la pauvre enfant ne me connoît pas,
les apparences la trompent. Que
je fuis malheureuſe ! Je reviens
à mon cher Duc. Pendant tout
cet intervale il étoit reſté comme
immobile : Vous ne vous aſſeyez
pas, M. le Duc, lui dis-je : Eh
quoi ! votre Sophie , votre
amour, votre cœur, votre colifichet fi vous voulez, a l'art

de vous interdire. Je vis des
pleurs qui sembloient vouloir se
faire jour, & un instant après
ce pauvre garçon qui ne pouvant plus se soutenir, tomba
évanoui sur le fauteuil qu'on lui
avoit présenté. La pitié m'intéressa à son état, je volai à son
secours, la tendresse fit pâlir
Emilie, je m'en apperçus sans
en devenir jalouse ; enfin nos
soins le rendirent à la vie. A
peine put-il ouvrir les yeux qu'il
reconnut sa chere Sophie ; à
peine put-il parler qu'il s'écria :
Ah ! chere Sophie, est-ce bien
vous qui traitez avec tant d'hu-
manité le plus scélérat des hommes ! Vos soins sont plus ex-
pressifs que vos paroles. . . . . .
J'ai outragé ce qu'il y a de plus
adorable dans la nature. . . . . .
Cruels amis. . . . . . Tranquillisez-
vous, M. lui dis-je, reprenez
vos forces, & vous vous expli-

querez plus à votre aise....: Je
suis votre amie, au milieu de
vos coupables projets. Quoi
mon amie, Mademoiselle.....
Cela ne se peut..... Rassurez-
vous, M. rassurez-vous, je vous:
pardonne tout, vous avez suivi
l'égarement d'une indigne passion, rendez à la vertu les droits
qu'elle eut toujours sur vous.
Le Duc que je mettois ainsi à
son aise, reprit peu à peu ses
forces, & ne se trouvant pas
encore en état de pouvoir s'exprimer avec liberté, il donna
du moins un libre cours à ses
yeux qui l'inonderent de larmes
ameres. Je le laissai dans cette
liberté qui le remit dans son
assiette naturelle. Le cœur est
surement de la partie, disois-je
en moi-même, ce n'est point un
artifice, je peux m'exprimer en
liberté avec lui, & je n'ai rien
à craindre ici. Je ne me trom-

pai pas, la fuite va vous l'apprendre.

Le Duc raffuré par ces marques de bienveillance de ma
part, reprit enfin la parole. Je
ne vous répéterai point entierement tout ce qu'il me dit, le
cœur parloit, & parloit en toute
liberté ; il me vanta fon amour,
le commencement & le progrès,
les combats qui s'étoient livrés
entre lui & l'orgueil de fa naiffance , combien fon filence à
mon égard lui avoit déchiré le
cœur, de quelle fureur il étoit
poffédé quand il m'en fit cet
aveu, que je méprifai ; il me
dépeignit les hazards de fa derniere campagne que fa témérité
lui avoit fait entreprendre ; que
fon libertinage étoit le fruit de
la réfiftance de fon cœur, &
que fa maladie en avoit été la
fuite ; qu'il ne devoit fon ré-
tabliffement qu'à l'aveu de mon

amour pour lui, qu'il avoit entendu ; qu'enfin ne pouvant ſe
réſoudre à m'épouſer, & que
Sophie mépriſant cette union il
avoit cherché envain le prétexte
& l'expédient de pouvoir ſe van-
ger ; que le Comte avoit remis
le calme dans ſon ame en lui
faiſant part de ſa retraite, & que
le Marquis avoit inventé & la
Lettre qu'il m'avoit préſentée,
& le moyen de m'enlever ; mais
qu'arrivée ici toutes ces eſpé-
rances ſi flatteuſes, cette vengeance ſi douce à ſon cœur,
s'étoit traveſtie en une horreur
pour lui-même ; qu'il ne ſçavoit
comment le déſeſpoir d'une action ſi lâche & ſi honteuſe ne
l'avoit pas porté à exécuter ſur
lui-même l'action & le crime le
plus infâme ; que revenu à lui-
même par les conſolations de
la femme d'affaires du Comte,
il avoit repris le deſſus, & avoit

concerté avec elle les moyens de se rassurer devant moi en implorant ma pitié. Il me dit ensuite que l'absence du Comte l'inquiétoit : cet ami si empressé, m'ajouta-t-il, à satisfaire mes volontés criminelles, est tombé dans une extase étonnante sur votre mérite & votre caractere, & m'a fait sentir combien vous lui étiez devenue chere. Ce n'étoit point une fille à enlever, mon cher ami, me dit-il en sortant de chez vous ; nous avons fait une sottise qu'il faut au plus vîte réparer ; restez ici, je vais en Cour pour sçavoir ce qui s'y passe, & mettre ordre aux plaintes que Madame votre mere & Madame l'Abbesse sa sœur pourroient faire entendre : Peut-être ai-je trop tardé ; mais enfin j'espere arriver assez à tems demain matin pour en prévenir les suites ; je n'ai point de projets

formés, tout dépend des circonftances, tranquillifez-vous
mon cher Duc, & foyez cir-
confpect. Je vais parler au Marquis de **** d'un ton ferme,
& je fuis fûr de fa difcrétion. Je
fçus dans la journée de quelle
façon le Comte avoit parlé au
Marquis, & quelle reception
vous lui aviez faite. Je fçai que
depuis fon départ la Maitreffe
du Comte fe réjouit de fon ab-
fence dans les bras du Marquis,
c'eft une occupation qui l'empê-
chera de prendre garde à nous;
il s'embaraffe fort peu de cette
fille qu'il a enlevée, il prend fa
réfiftance pour caprice & l'a entierement abandonnée; il aime
un amour facile, & il eft fort
bien tombé; fon embarras n'a
plus d'autre objet que celui de
fçavoir comment il fera remettre
cette fille à fes parens..... Je
l'interrompis, en lui difant: Son

embarras est cessé, la voici cette
fille dont vous parlez en présentant Emilie : Je la prens avec
moi ; & comme j'espere que
vous me rendrez ma liberté avec
honneur, je l'emméne dans mon
Couvent où je compte me retirer dès que vos ordres seront
conformes à mes volontés....
Vous cherchez à m'accabler, Mademoiselle, m'interrompit à son
tour le jeune Duc, vous êtes la
maîtresse ici, vous pouvez partir
quand vous le jugerez à propos,
tout ici vous appartient, & vous
me ferez plaisir de donner vos
ordres afin que l'équipage vous
suive. Si je suis libre de cette
sorte, M. lui repliquai-je, vous
n'êtes point dégagé de la réparation que vous me devez. Ah !
belle Sophie, quelle récompense
pour le crime affreux que j'ai
commis ! Que la réparation
m'en sera douce ! Mon orgueil a
fléchi,

fléchi, j'ai deshonoré la vertu de mes peres ; mais le repentir le plus fincere, en fe jettant à mes genoux, fera votre répara-tion Relevez - vous, M. m'é-criai - je fur le champ ; relevez-vous, ce n'eft pas cette répara-tion que vous entendez qui peut être de mon goût, au contraire elle flétriroit ma vertu pendant qu'elle honoreroit la vôtre : c'eft à Madame votre mere à me la faire cette réparation que je dé-fire, en m'enlevant d'ici . . . . Votre conduite me répondra par la fuite de votre fincérité. Ah ! Mademoifelle , me dit le Duc en fe relevant précipi-tamment , la joye peinte fur toute fa phifionomie, s'il n'eft plus queftion que de ma mere, je cours à fes pieds obtenir mon pardon & l'offrir à vos yeux. M. lui dis-je, arrêtez & réflé-chiffez. M. le Comte de * * * * eſt, m'avez-vous dit, parti pour Verſailles, il eſt prudent, attendez ſon retour : une mere outragée pardonne difficilement à un fils criminel. Si vos étourderies, permettez-moi ces expreſſions, n'euſſent attaqué que vous-même, ſans doute elle ſeroit aſſez bonne pour vous pardonner ; mais elles l'ont attaqué elle-même en mépriſant ſa bonne foi, elles ont abuſé de la confiance d'une ſœur reſpectable, & de ma tendreſſe envers l'une & l'autre. Enviſagez, s'il vous plaît & de ſang-froid, ſi les plaintes de ces généreuſes parentes ſont déjà portées en Cour, que deviendrez-vous ? Il ſeroit impoſſible, de quelque qualité que vous ſoyez, d'adoucir la juſte colere d'un Prince le plus vertueux des Rois. Voulez-vous ſuivre mon conſeil, M. méfiez-vous de ces vivacités, réflé-

chiflez avant d'agir, & ne vous
imaginez jamais pouvoir agir en
homme que quand vous penfe-
rez avec tranquillité. Où eft le
tumulte eft la paffion, où eft la
paffion eft le deshonneur de
l'homme. Il en eft de la folie
d'un François, comme de fa
fageffe ou de fon repentir, l'une
& l'autre n'ont pas plus de con-
fiftance ; le tems me convaincra
de votre ftabilité dans le bien.
Voilà près de dix ans que vous
roulez des deffeins affreux dans
votre cœur contre moi ; quel
long efpace de tems pour en
effacer les impreffions ! vous
vous êtes fondé fur l'aveu de
mon amour à votre égard, aveu
que vous avez entendu, dites-
vous, de ma propre bouche,
aveu dépofé dans le fein de Madame votre mere ; j'y perfifte
encore, M. & pour récompenfe.
vous m'outragez. Mais quel que

ſoit ou quel que puiſſe être votre amour envers moi, ne pen-
ſez pas que je conſente jamais
à l'union que vous exigez pour
opérer la réparation que vous
me devez. Je vous pardonne
pour vous-même ; votre repentir, s'il eſt ſincere, donnera une
aſſez ample matiere à votre pé-
nitençe ; mais ſongez que ma
main, fuſſiez-vous Souverain,
ne ſera jamais le prix de votre
lâcheté.

Nous en étions là lorſque la
France entra pour préparer notre dîner, & que le Laquais du
Duc vint l'avertir qu'on l'attendoit pour dîner....... Le Duc
auroit bien ſouhaité que je
l'euſſe engagé à être de tiers
avec nous ; il ne ſe preſſa pas
de ſe lever..... Il vouloit répondre, il ſe taiſoit, il repre-
noit la parole, elle lui échap-
poit...... Je la repris en ſa

place : On vous attend, M.
allez, quand il vous plaira, je
fuis toujours prête à vous recevoir & à vous écouter.... Le
Duc fe leva enfin les larmes aux
yeux, & fe retira.

Pendant le dîner Emilie étoit
rêveufe. Je m'apperçus de fon
filence, & voulant le lui faire
rompre, je lui dis : Qu'avez-
vous, belle Emilie, vous n'êtes
point vous-même : le jeune Duc
vous infpireroit-il de la pitié ?
Beaucoup, Mademoifelle, me
dit cette fille charmante : M. le
Duc vous aime, & vous l'aimez. Si le Marquis fe fût pré-
fenté à moi avec ce ton de fou-
miffion, de complaifance & de
douceur, je vous avoue que
quoique je ne l'aye jamais aimé,
il auroit rencontré le chemin de
l'amour, en furprenant celui de
ma pitié. Jugez donc de l'événement, fi je l'euffe aimé, &

qu'il m'eût lui-même aimé aussi tendrement. Cependant, je vous l'avouë, quand je compare cette supériorité d'ame maîtresse de vous-même, dans toutes les circonstances où nous sommes, avec cette foiblesse, caractere de la vertu de nous autres Françoises, je ne sçai quelle Divinité vous a donné l'être.

Emilie se tut en cet endroit; & reprenant où elle finissoit, je pris occasion de l'instruire du vrai point, & du seul même qui caractérise la vertu de la femme, ainsi que de celle de l'homme; & je lui dis: Vous êtes incompréhensibles, femmes & filles Françoises, vous vous imaginez que la vertu consiste uniquement dans ce précieux trésor de votre virginité, c'est un point essentiel à la vérité, mais ce n'est qu'un point de la vertu; la vertu est plus éclatante & plus intégrale, elle se porte à tout, elle régit tout, qui manque en un point manque en tout, la vertu est un ordre général, la seule maîtresse de tout nous-mêmes; tout dans nous doit lui être soumis, & tout ce qui est hors de nous doit se mesurer sur la rigidité des sentimens qu'elle nous inspire. Ne craignons jamais les hommes, mais craignons de manquer à la supériorité de cette vertu dominante; ils remarquent notre foible, & sçavent en profiter. Une faute extérieure, une chute même surprise dans ce point de vûë & qui ne nous fait jamais perdre cette supériorité d'ame est toujours profitable; que dis-je! cette faute est plus excusable qu'une vertu extérieure déja corrompue au fonds du cœur; c'est de ce centre qu'il faut partir continuellement, & auquel il faut toujours revenir. Quand j'apperçois cette grandeur, cette supériorité d'ame dans quelqu'un, fût-il taché d'une foiblesse imprévuë, trop vive impression des sens, je plains ce quelqu'un, mais j'admire la force de son rétablissement. Au contraire je ne peux souffrir ces vertus empruntées qui désirent se commettre à l'objet de leurs vœux, pourvu que les circonstances lui puissent être favorables ; je me ris de leurs larmes, de leurs plaintes, de leurs cris, de leurs confidences, de telles vertus font pour moi le monstre des crimes. Il n'y a pas un de vos Romans qui ne me fasse pitié ; l'Amant est ou un furieux ou un imbécile, & toujours son cœur est corrompu. Toutes ces belles morales que l'on affecte tant de débiter de leur part, n'est qu'un langage hipocrite qui séduit les

simples, qui amuse les fainéans,
& qui instruit les libertins de
l'art de couvrir leur libertinage
sous le manteau de la vertu ;
l'amour est dans nous, ma chere
Emilie, nous ne pouvons l'empêcher d'y regner, c'est l'essence
de notre ame ; mais cet amour
est innocent, & son innocence
y produit la tranquillité. Nous
ignorons encore quel en sera
l'objet extérieur, laissons le cœur
se décider, envain nous oppo-
serons-nous à son choix ; il paroît dans l'instant cet objet ;
les sens le lui présentent, tout
cela est dans l'ordre de la nature, sur le champ nous nous
attachons à cet objet ; mais cet
objet est-il digne de nous ? doit-il
nous attacher ? voilà l'objet de
la réflexion de l'homme. Cet
objet est-il bon, sincere, vertueux & constant, aimons - le.
Nous aime-t-il, attachons-nous,

tout cela eſt dans l'ordre, tout cela eſt dans la nature de l'homme penſant. Mais a-t-il le contraire de ces qualités, aimons-le puiſque le cœur l'a ſaiſi ; mais nous rendit-il le réciproque, ne nous y attachons jamais. Nous ne ſommes donc jamais les maîtres de nous décider ſur l'objet de notre amour, le cœur commande, il faut lui obéir ; mais nous ſommes les maîtres de nous attacher : conſultons notre raiſon, & écoutons ce qu'elle nous dit.

Mais, m'interrompit Emilie, il eſt bien difficile de réſiſter à un penchant d'amour qui vous entraîne ; l'amour eſt aveugle, il excuſe tout dans un objet aimé ; que dis-je ! on ne voit que lui, on ne penſe qu'à lui, on ne réfléchit qu'à lui, & l'erreur ne ſe montre que quand l'amour eſt ſatisfait. Vous croyez donc que ces sentimens sont l'amour ? Non, chere Emilie, si vous avez aimé, & que votre cœur soit dans cette situation, vous n'avez jamais aimé. Emilie rougit, je fis semblant de ne m'en pas appercevoir ; & continuant vos sens vous séduisent, je sçai que c'est l'amour François, mais ce n'est pas l'amour du cœur. Si vous aimez, mon cher cœur, le premier devoir de votre raison est de vous en avertir, & il vous en prévient assez, consultez le mérite, & tenez-vous-en là, c'est la confusion de l'amour & de l'attachement qui opere ces funestes réflexions qui vous accablent ; la constance, la tendresse, la vertu qui méritent l'attachement font les seules réflexions qui doivent nous occuper ; mais ces distinctions sont lentes, & demandent de la tranquillité ;

où vous appercevez de la vivacité, de l'inconſtance, de la vanité, où vous entendez des
mots, des proteſtations, des
ſermens, des déſirs ardens &
tumultueux, arrêtez vos réflexions; & gardez-vous de l'attachement. Mais comment faire
pour ſe rendre maîtreſſe ainſi de
ſoi-même, me repliqua Emilie
avec une ſorte d'impatience?
Conſultez, ma chere amie, lui
répondis-je, les tems, les lieux,
les circonſtances, & ſurtout
épiez les caracteres oppoſés de
la douceur à la dureté, de la
ſévérité à la douceur, du mépris à l'orgueil, de la fierté aux
mépris. Parlez peu, mais que
chaque mot ſoit une ſentence,
éloignez l'objet, & ſurtout ne
vous en entretenez jamais : ſoyez
toujours décidée, & ſur le champ.
L'homme corrompu eſt un Pro-
thée, mais il n'a que des diſ-

cours ; la patience , ſurtout celle du François, eſt bientôt à ſon terme ; ſi rien ne peut vous émouvoir il vous abandonne bientôt ; s'il vous aime réelle-ment, vous vous en appercevez bien vîte ; alors vous le domi-nerez ; mais donnez-vous de garde de lui faire appercevoir que votre cœur déſire qu'il peut l'être à ſon tour. Voilà la régle que j'ai obſervée dans l'amour que je reſſens pour le Duc, cet amour eſt né avec moi pour ainſi dire, je ne me le ſuis point caché ; il le méritoit pour lors, il a changé de conduite, fût-il Dieu, jamais je n'aurai pour lui le moindre attache-ment ; c'eſt cette régle , cet amour de l'ordre que j'ai fait en ſorte de conſerver ici , & qui vous a ſans doute frappée : qu'aurois-je fait par des cris, par des plaintes, par des duretés,

par des mépris ? Rien que d'ag-
graver mes fers, la nature s'af-
faiſſe ſous ces viciſſitudes, les
forces abandonnent, l'amant
triomphe, & nous ſommes per-
duës. Je crois, ma chere Émilie, que vous devez votre ſalut
à votre vertu, mais bien plus
à la haine que vous portiez au
Marquis ; vous avez triomphé,
mon cher cœur, mais ſi vous
l'euſſiez aimé, vos réflexions
vous euſſent remis à la fin entre
les bras de votre vainqueur.
Heureux encore que ſon caractere volage & libertin ne ſe ſoit
pas changé en une funeſte conſ-
tance, & n'ait pas ſçû découvrir
le foible de vos ſentimens ; vous
vous êtes attendrie à la vûe du
Duc, qu'euſſiez-vous fait ſi
vous l'euſſiez aimé ? . . . . .

On vint deſſervir, & nous quittâmes table ; je m'apperçus que le
cœur de ma chere Emilie n'étoit

pas dans une affiette tranquille;
je l'aimois trop pour la laiffer
longtems en peine ; mais c'étoit
à elle à m'en parler, & à moi
d'attendre le moment qu'elle fe
découvriroit. Ce moment ne
tarda pas, car elle paffa dans
la chambre de mes filles pour
y répandre des larmes qu'elle
voulut me dérober. J'entendis
fon cœur fanglotter ; je reffentis
vivement le fonds de chagrin
qui l'occupoit, elle aimoit, je
n'en pouvois douter ; avoit-elle
fuccombé ? Je n'en aurois pas été
furprife, mais je ne l'en aimois
ni ne l'en eftimois pas moins ;
méprife-t-on fon propre corps
parce qu'il a quelque défaut ?
Brûle-t-on fon habit parce qu'il
a une tache ? Enfin fe coupe-t-on
un membre parce qu'il a reçu
quelque bleffure ?

Emilie rentra, je ne fis pas femblant de m'appercevoir qu'elle

venoit de pleurer, je cherchai
même tous les moyens de divertir sa douleur. Mais ne pouvant la surmonter, je lui demandai avec toute la douceur
possible, si elle avoit quelque
peine, que j'étois son amie, &
qu'elle ne devoit pas se gêner
avec moi. Vous aurois-je, lui
dis-je, donné lieu de vous fâ-
cher? Ce seroit bien contre mon
intention. Cette bonne fille jetta
encore quelques larmes. Je l'em-
brassai, je la consolai, & la
priai de répandre dans le sein
de mon amitié ses peines & ses
chagrins. Cette fille à son aise
par mes caresses, m'avoua tout
le foible de son cœur, qu'elle
aimoit avec passion, que je venois de faire son portrait dans
le discours précédent, qu'elle
reconnoissoit son erreur, mais
que son cœur ne pouvoit encore se séparer de l'objet aimé;

que

que son plus grand chagrin sur
son enlevement, étoit les idées
de conduite que son Amant se
formeroit à cet égard, & qu'il
la mépriseroit ; mais que la conduite de cet Amant étant par
elle-même méprisable, son cœur
se trouvoit déchiré par sa passion, & étoit indécis sur la con-
tinuité de son attachement ;
qu'elle venoit d'ouvrir les yeux
dans le moment, que la situation du Duc l'avoit attendrie,
en lui faisant souhaiter que son
Amant pût jamais paroître devant elle avec les mêmes sentimens du repentir ; enfin que
les belles paroles de son Amant
l'avoient touchée, au point de
lui permettre quelques fami-
liatités ; que son Amant bouillant
& impétueux osant s'en préva-
loir, avoit tenté de brusquer le
dernier avantage ; que cette action avoit imprimé dans son

cœur un mépris qui tout sincere qu'il fût, ne pouvoit cependant le détacher de lui. Que dira-t-il, Mademoiselle, sçachant mon enlevement ? Ah ! je suis une fille perduë de réputation, & je dois cette perte à mon amour malheureux.

Je vois, belle Emilie, lui répondis-je, tout autrement que vous ; cet homme votre Amant si vous voulez, vous a manqué, dites-vous ; mais qui lui en a frayé la voye ? Votre amour, & au moment que votre fierté s'est annoncée, le crime étoit déja commis dans votre cœur ; vous consentiez bien à livrer la place, mais il vous falloit un expédient pour l'exécution ! Que cet Amant eût continué de ruses, vous étiez la victime de vous-même ? Gardez-vous de conserver un attachement si funeste ; tôt ou tard

il vous perdroit, & pour le
perdre lui-même il suffit de n'y
jamais penser, & encore mieux
de chasser de votre esprit toute
aigreur & tout ressentiment qui
vous ramene sans cesse à lui.

Dans de telles circonstances,
que les Françoises me paroissent
extrêmes ! Elles aiment à la fureur, elles haïssent de même,
elles accablent de caresses, ou
se vangent avec emportement,
ou elles veulent voir sans cesse
l'objet aimé ; en ce cas la fureur des portraits leur tient lieu
de présence, ou elles le fuyent
avec mépris. Quelles alternati-
ves ! Ne concevront-elles pas
que le cœur est libre dans son
choix, qu'il ne nous consulte
jamais ; la fuite même irrite son
indépendance. Concevons plutôt que l'attachement que nous
donnons librement à l'objet du
cœur, dépend de nous, qu'il

est l'effet d'une raison éclairée :
que c'est donc à l'attachement
qu'il faut donner nos soins, ou
bien plutôt ne jamais nous attacher, qu'après avoir consulté
la vertu de l'objet aimé, ses
rapports avec nous-mêmes, avec
ceux qu'il doit avoir avec les
sages dispositions de nos parens, & surtout avec ce caractere si difficile à pénétrer aux
folies de l'amour. Voilà, chere
Emilie, les conseils que je me
suis donnés, & que je vous dé-
pose ; appliquez-vous à ces maximes, & vous serez dans l'ordre
de la véritable vertu.

C'est ainsi que nous nous entretînmes pendant la journée,
dans le cours de laquelle il ne
nous arriva rien de particulier.

Le lendemain à peine érions-
nous habillées que la France
vint nous prévenir que Madame
Mama, (c'étoit le nom de la

femme d'affaires du Comte de
* * * * que pour la premiere
fois j'avois entendu prononcer,
mais qui eut bien lieu de me
surprendre ; car en Langue Péruvienne, *Mama* veut dire mere
ou *Marie*, depuis que la Religion Chrétienne y est fondée) ;
la France, dis-je, vint nous
prévenir que Madame *Mama*
vouloit nous parler de la part
de M. le Duc de * * * * & de
M. le Marquis de * * * * Je la
laissai entrer. Cette femme se
présenta avec moins d'art, & encore moins de hardiesse ; son
air même qui me paroissoit naturel me fit impression ; je la
reçus avec accueil. Qu'y a-t-il,
Madame, de si bonne heure,
lui dis-je ? Des nouvelles de M.
le Marquis de * * * * me répon-
dit-elle, que j'apporte à Mademoiselle Émilie ; & pour vous,
Mademoiselle, s'adressant à moi ;

M. le Duc m’envoye vous dire qu’il eſt malade, & qu’il ne peut plus ſoutenir les remords dont il eſt agité ; il vous prie de vous ſouvenir de lui, & de ne point oublier que ſon cœur fut toujours vertueux au milieu de ſes plus grands déréglemens. Cependant, Mademoiſelle, m’a-joûta-t-elle, il n’y a rien à craindre, il a eu cette nuit une fiévre violente, mais par mes bons ſoins je compte le tirer d’affaire dans peu, ſa maladie n’a rien de ſérieux pour moi qui en connois la cauſe ; entre les mains des Médecins il pourroit bien-tôt réaliſer ce que ſon imagi-nation lui préſente, je veux dire trouver la mort que ſes peines actuelles lui offrent comme la ſeule eſpérance de les voir ter-minées. Tranquillisez-vous, Ma-demoiſelle, à cet égard.......
J’allois répondre lorſqu’Emilie

me préfenta la Lettre que cette
femme venoit de lui remettre
de la part du Marquis de * * *
Voici ce qu'elle contenoit.

» J'ai trompé le Comte ; j'em-
» mene fa Maîtreffe, elle n'eſt
» point faite pour demeurer dans
» un Cloître, ni avec des per-
» fonnes d'une vertu auſſi rare
» que la vôtre, Mademoiſelle,
» je vous rends votre liberté,
» je vous eſtime, & n'aimerai
» plus dorénavant que ma chere
» Deshordhire. Adieu , trop
» vertueuſe Emilie , retournez
» chez vos parens, & ne nous
» revoyons jamais : le Marquis
» de * * * * Je m'apperçus après
avoir lû cette Lettre, que la
Dame *Mama* reſtoit debout ap-
pliquée à me confidérer, fans
déranger fes yeux & fon attention de deſſus moi. Je lui dis
de s'affeoir, elle le fit ; & reprenant la parole, je dis à Emilie :

Apparemment que Madame attend votre résolution ; à quoi vous déterminez - vous ? Mon parti est pris, Mademoiselle, me repliqua cette fille, je resterai avec vous tant que je vous serai agréable, je vous prie donc de souffrir que je ne quitte ce Château, que quand vous le quitterez vous - même. Cependant je crois qu'il est nécessaire que j'écrive à mes parens, & que je les console par ces nouvelles de ma liberté. Je répondis à Emilie, que je lui demeurerois constamment fidelle, mais que je croyois que pour éviter tout bruit & tout scandale, il falloit attendre le retour du Comte de * * * * que rien d'ailleurs ne nous pressoit, n'ayant plus rien à craindre dans cette maison-ci, & y étant libres & maîtresses.

La Dame *Mama* voyant que j'avois achevé de parler, reprit elle-même ellé - même cette conversation.

„ Que je suis malheureuse, Ma-
„ demoiselle, de paroître ici à
„ vos yeux la plus coupable &
„ la plus criminelle ! Vous me
„ regardez & m'avez toujours
„ regardée comme la Duegne
„ favorite des plaisirs de ce Châ-
„ teau ; cependant je n'ai jamais
„ rien sçû de tout ce libertinage,
„ que depuis que Mademoiselle
„ Sophie est arrivée.

„ Je n'ignorois point que mon
„ Maître aimoit Mademoiselle
„ Desordhire, mais ce n'est point
„ à moi à pénétrer dans ces
„ amoureux mysteres. Je n'étois
„ pas chargée de veiller sur leur
„ conduite. Mademoiselle est ar-
„ rivée, en s'adressant à Emilie,
„ comme amie de Mademoiselle
„ Desordhire, & M. le Marquis
„ qui venoit très-peu ici, ne me
„ donnoit aucun soupçon ; j'a-
„ vois appris par la suite que le

„ Marquis étoit devenu votre
„ Amant, mais que son amour
„ avoit pour but un mariage utile
„ à sa fortune; que vous étiez hé-
„ ritiere de gros biens que M. vo-
„ tre pere fameux Jouaillier avoit
„ amassés par son industrie ; que
„ Madame votre mere étoit
„ morte, mais que vous haïssiez
„ le Marquis , parce que vous
„ aimiez une autre personne au-
„ quel vous le préfériez. C'est
„ dans ces dispositions de votre
„ esprit, que je tenois de M. le
„ Comte, que je cherchois à
„ vous entretenir toutes les fois
„ que je conversois avec vous:
„ Voilà mon crime à votre égard,
„ s'il y en a un. Vous êtes ar-
„ rivée, Mademoiselle en s'a-
„ dressant à moi, le prétexte
„ m'en a été totalement inconnu;
„ j'ai vû à votre air & à votre
„ façon, le mépris que vous
„ aviez conçu contre moi ; j'ai

„ vû votre fageffe, j'ai compris
„ la fupériorité de votre carac-
„ tere, j'ai percé le myftere : M.
„ le Duc m'a tout avoüé ; ce-
„ pendant oferai-je vous le dire !
„ Mademoifelle, un intérêt fe-
„ cret que je cherche à demêler
„ m'intéreffe à votre fort. Vous
„ n'êtes point Françoife, vous
„ n'êtes point Angloife non plus,
„ quoique dès l'âge le plus ten-
„ dre vous y ayez été élevée par
„ Madame la Ducheffe de * * *
„ avec votre mere & votre pere
„ qui étoit Sécretaire de M. le
„ Duc fon mari, pour lors Am-
„ baffadeur en cette Cour de la
„ part du Roi de France. M. le
„ Duc m'a appris que vous étiez
„ née au Perou ; que des infor-
„ tunes caufées par des révolu-
„ tions politiques vous avoient
„ fait quitter le pays de votre
„ naiffance , & vous avoient
„ jettés en Angleterre où vous

F ij

„ aviez été reçus fous la pro-
„ tection de fon pere. C'eft de là
„ d'où il eft parti pour me faire
„ le détail de l'amour qu'il avoit
„ conçu pour vous, & qui ne
„ s'éteindra jamais. Je penfe,
„ Mademoifelle, qu'après cette
„ explication vous me rendrez
„ votre eftime, & ne me con-
„ fondrez plus avec ces fenti-
„ mens d'horreur que l'on ref-
„ fent pour des femmes crimi-
„ nelles.... Ah! fi je pouvois
„ vous être plus particulierement
„ connue, reprit cette femme en
„ verfant quelques larmes, Ma-
„ demoifelle , que vous chan-
„ geriez bientôt de façon de pen-
„ fer, & que cette indifférence ou
„ ce mépris feroit bientôt place
„ à des fentimens de tendreffe
„ & d'amitié la plus pure.......
J'e regardai cette femme avec
des yeux pleins de douceur....
Mon langage s'y feroit conformé

ſi j'euſſe pû croire que ce qu'elle
me diſoit ne fût une feinte, &
une diſſimulation bien ménagées.
Cependant réfléchiſſant à ſon
nom ; *Mama,* diſois-je, n'eſt point
un nom qui ſoit uſité en France,
ce terme dans notre langage eſt
un terme générique, & non un
terme purement perſonnel ; les
ſeuls Péruviens en ſçavent l'éti-
mologie. Voyons ſi elle le connoît.... D'ailleurs elle me cache le lieu de ſa naiſſance, &
la cauſe de l'intérêt qu'elle prend
à moi ne vient que de ce qu'elle
ſçait que je ſuis étrangère ; fon-
dons - la ſur cet artifice, &
voyons quelle ſera ſa réponſe.

„ Madame, lui dis-je, je ſerai
„ charmée de vous trouver vé-
„ ritable & innocente ; vous me
„ paſſerez ſans doute les impreſ-
„ ſions que m'ont faites les ap-
„ parences de votre conduite ;
„ quand vous ſeriez auſſi inno-

„ cente que vous le prétendez,
„ & que je veux bien le croire,
„ il étoit de la fageſſe de ſe
„ méfier de tout dans un en-
„ droit qui reſpiroit l'attentat &
„ l'horreur ; ne me ſçachez pas
„ mauvais gré de la prudence
„ que j'ai cru devoir employer,
„ ni des ſentimens deshonorans
„ dont je vous ai accablée ; mais
„ n'appréhendez de moi ni reſ-
„ ſentiment, ni colere, ni ai-
„ greur , je ſuis prête à vous
„ rendre juſtice, ſi votre con-
„ duite répond aux témoignages
„ que vous me donnez de votre
„ façon de penſer.

„ Madame, expliquez-moi,
„ je vous prie, quel nom vous
„ portez ? Je ne l'ai point en-
„ core entendu nommer, ni en
„ Angleterre ni en France. »
Cette femme rougit, balbutia ;
je crus que c'étoit par confuſion
de ne pouvoir m'en donner

l'explication ; dès-là je commençois à rentrer dans mon férieux ;
n'étant point criminelle dans
cette maifon & étant étrangere,
pourquoi changer un nom qui
n'a rien de perfonnel, & rien de
commun avec l'ufage de la langue de la Nation ? Mais elle me
regardant enfuite avec un air
d'une véritable tendreffe: *Mama*
„ eft mon nom, Mademoifelle.
„ Il veut dire *Mere* ; je la fuis
„ en effet ; mais mere la plus
„ infortunée & la plus digne de
„ pitié qui fe puiffe jamais trou-
„ ver. Cette réponfe me faifit à
mon tour, elle s'en apperçut :
„ Vous vous troublez, Made-
„ moifelle, me dit-elle avec un
„ ton ferme, fi je pourfuis que
„ deviendrez-vous ? » J'avoüe,
Madame, lui repartis-je avec
vivacité , mais en tâchant de
raffurer mes fens étonnés, » j'a-
„ voüe que je reffens en moi

F iiij

„ quelqu'impreſſion extraordi-
„ naire ; mais pour me la dé-
„ velopper, dites-moi ſeulement
„ ſi vous êtes Péruvienne ? Car
„ ou vous avez demeuré au
„ Perou, où vous y êtes née ?
„ La définition que vous venez
„ de me donner de votre nom
„ me le prouve avec certi-
„ tude.... Oui, Mademoiſelle,
„ je ſuis Peruvienne , & je ne
„ peux vous être inconnue, aux
„ agitations dont votre cœur eſt
„ actuellement en butte. Je ne
„ m'y trompe pas, la nature ſe
„ fait jour , & ſi mon hiſtoire
„ vous étoit racontée, vous ſe-
„ riez bientôt au fait du myſtere
„ qui vous occupe.

Si j'euſſe pû me confier à
cette femme , & lui ouvrir l'é-
tat de mon cœur , je n'euſſe
pas tardé à me jetter à ſes
pieds, c'étoit ſurement ma grand-
mere ; mais me défiant de tout

ce qui pouvoit venir d'elle, je
renfermois la nature dans les
bornes de la circonfpection :
„ Madame, lui dis-je, ne cachez
„ rien de vos avantures, je fuis
„ prête à vous entendre, & mon
„ cœur femble fe prêter avide-
„ ment à toutes vos expreffions;
„ qui que vous foyez ne blâ-
„ mez point ma défiance, elle
„ eft dans l'ordre ; fongez que
„ la fincérité fut toujours le
„ caractere de notre Nation, à
„ ces traits mon cœur donnera
„ à vos difcours toute l'atten-
„ tion qu'elle a droit d'en at-
„ tendre. Une Héroïne Fran-
„ çoife fe fût trouvée mal dans
„ les bras d'une femme qui au-
„ roit pû la tromper.

„ Prenez garde , Mademoi-
„ felle , à la priere que vous
„ me faites, me dit cette femme,
„ qui fe raffuroit à mefure que
„ je m'affoibliffois ; ce récit, je

„ penfe, ne peut vous être in-
„ différent.... Quel qu'il foit,
„ lui dis-je, vous me rendrez
„ un fervice effentiel.... Je le
„ veux bien , Mademoifelle ,
„ d'autant plus que M. le Duc
„ repofe actuellement , & qu'il
„ n'a pas befoin de moi.

HISTOIRE DE MAMA.

„ JE fuis fille & petite-fille des
„ Incas auguftes Princes de
„ la race Royale de nos Sou-
„ verains. Elevée dans la ville
„ de Cufer dans cette Maifon
„ des Choifies , feule autrefois
„ deftinée pour l'éducation des
„ filles de notre race , fous le
„ culte du Soleil, & à préfent
„ changée , m'a-t-on dit, en une
„ riche Abbaye , & pour le
„ même ufage fous le culte de
„ la Religion Catholique Ro-
„ maine depuis la décadence de

„ notre Empire. J'ai épouſé l'ar-
„ riere-petit fils du frere du
„ dernier de nos Rois Capac
„ Inca , & que l'on appelle en-
„ core Capac Incas. Je ne vous
„ rappellerai point la déſolation
„ de cette terre de bénédiction,
„ ni le renverſement de notre
„ Maiſon, vous devez en ſçavoir
„ l'hiſtoire. Je me renferme dans
„ ce qui me regarde. Il ſuffit
„ donc de vous apprendre que
„ notre race révérée, dans ces
„ triſtes révolutions, obtint de
„ nos Vainqueurs, qu'à l'excep-
„ tion de notre culte l'adminiſ-
„ tration de cet Etat ſeroit con-
„ tinuée conformément à nos
„ mœurs entre les mains des
„ deſcendans de nos Rois. Par
„ cette politique affectée mon
„ Epoux fut élú Gouverneur de
„ notre Nation après la mort de
„ ſon pere. Il acquit beaucoup
„ de Domaines qu'il joignit à

„ l'immenfe fucceffion de fon
„ pere, & devint le plus con-
„ fidérable Prince qu'il y ait eu
„ jufqu'ici. Notre Nation ref-
„ pectoit fon Gouvernement;
„ mais l'Efpagne le craignoit. Je
„ fus prévenüe que l'Efpagne
„ cherchoit les moyens d'anéan-
„ tir ces triftes reftes de l'an-
„ cienne Maifon Royale, je fça-
„ vois fes intrigues & fes arti-
„ fices ; je fçus même que la
„ Nation fe préparoit ou à périr
„ ou à fecouer le joug des Ef-
„ pagnols. Je prévis les fuites
„ de ces complots, j'en avertis
„ mon mari, qui fe mocqua de
„ mes avertiffemens. Les Efpa-
„ gnols paroiffent de bonne foi,
„ me difoit-il, ils ont à difcré-
„ tion tous nos Tréfors, le refte
„ leur eft inutile ; la Nation vit
„ tranquille ; à quel propos l'Ef-
„ pagne voudroit-elle troubler
„ un repos qui eft fi avantageux

„ aux deux Nations ? Plus je
„ voyois les secrettes dispositions
„ des uns & des autres, & plus
„ j'avois lieu de trembler. Nous
„ avions de notre union, un fils
„ Prince le plus aimable, & qui
„ nous promettoit le plus heu-
„ reux avenir ; les larmes me
„ tomboient souvent des yeux,
„ mon cœur s'abreuvoit dans la
„ douleur quand je comparois
„ notre état présent, quoique
„ dans l'esclavage , avec celui
„ que je prévoyois. Pour sur-
„ croit de douleur , il avoit
„ épousé quelque tems avant
„ que ces bruits me fussent par-
„ venus, une femme, quelle
„ femme ! la plus vertueuse des
„ femmes, qui venoit de nous
„ donner une héritiere de grands
„ biens, d'un nom respectable ,
„ & surtout de la vertu de ses
„ ancêtres. En disant ces mots,
„ cette femme me regardoit

,, fixément, & fembloit me dire,
,, c'eft vous qui êtes cette hé-
,, ritiere.

,, J'embraffois fouvent ces en-
,, fans auffi dignes de ma ten-
,, dreffe que de l'excès de' ma
,, pitié ; fauvons, dis-je, ce que
,, nous pourrons à l'infçu d'un
,, Epoux trop lent à croire le
,, mal, le tems preffe à préfent.
,, En effet on venoit de m'ap-
,, prendre que l'Efpagne en-
,, voyoit par différens chemins,
,, quarante mille hommes pour
,, changer totalement la face de ce
,, Gouvernement ; mais pour le
,, changer par l'autorité, il étoit
,, queftion de faire périr mon
,, mari, & faire valoir des pré-
,, textes plaufibles. Déja les Na-
,, tionaux s'armoient pour dé-
,, fendre leur Patrie & leur Gou-
,, vernement. Il falloit donc pour
,, fuivre mon deffein, que je for-
,, tiffe du Perou avant leur arri-
,, vée.

„ Mon mari fut pour lors
„ informé des desseins de l'Es-
„ pagne, il le crut cette fois ;
„ mais ignorant ceux de la Na-
„ tion, il ne voyoit point à quel
„ propos l'Espagne envoyoit
„ tant de Troupes ; cependant
„ persuadé par mes conseils, &
„ pour ne pas laisser sa famille
„ naissante dans une misere af-
„ freuse, il consentit que j'em-
„ portasse avec moi tout l'or &
„ l'argent que je pourrois enle-
„ ver , il me confia tous les
„ titres de sa maison & ceux de
„ ses propriétés. Munie de ces
„ précieux tréfors , je voulus
„ engager mon fils à me suivre
„ avec sa femme & sa fille, il
„ résista à mes cris & à mes lar-
„ mes ; je les laissai & je partis.
„ Je fus assez heureuse de ne
„ rencontrer sur ma route aucun
„ Espagnol qui pût me faire
„ craindre aucun événement fâ-

Pagination incorrecte — date incorrecte

NF Z 43-120-12

„ cheux, je m'embarquai au pre-
„ mier port, & je fis voile vers
„ les Ifles de la dépendance de
„ l'Angleterre, les plus proches
„ de notre Nation, pour en avoir
„ de plus promptes nouvelles.
„ Hélas! j'appris bientôt, qu'à
„ la vûe des Efpagnols toute la
„ Nation s'étoit armée, qu'elle
„ en avoit confidérablement dé-
„ faits; mais que fuccombant
„ fous le nombre & la valeur,
„ l'Efpagnol avoit détruit pref-
„ que tous les nôtres, qu'il s'é-
„ toit emparé du Gouverneur
„ mon mari, & l'avoit ignomi-
„ nieufement fait périr pour fer-
„ vir d'exemple à ceux qui lui
„ feroient fubftitués. On m'affura
„ que mon fils, fa femme & fa
„ fille s'étoient fauvés, & que
„ toutes nos poffeffions avoient
„ été confifquées au profit du
„ Domaine de la Couronne
„ d'Efpagne. Jugez de ma dou-
„ leur.

„ leur. Il n'eſt point du caractere
„ de notre Nation de nous laiſſer
„ dominer par les extrémités des
„ grandes douleurs & des gran-
„ des joyes ; c'eſt ſurtout ce ca-
„ ractere, Mademoiſelle , que
„ j'ai reconnu dans toute votre
„ conduite, qui m'a fait ajouter
„ foi aux diſcours de M. le Duc
„ ſur votre naiſſance au Pérou.
„ La perte de mon Epoux & de
„ mes biens étoit ſans reſſource ;
„ je ne regrettois plus de quitter
„ ma patrie , la Nation n'étoit
„ plus la même. Dès lors je pris
„ le parti d'abandonner les Iſles
„ trop proches de cette malheu-
„ reuſe contrée, & après avoir
„ converti mon or & mon ar-
„ gent en billets d'Angleterre ,
„ je volai à Londres. Cette nou-
„ velle de la révolte du Perou y
„ faiſoit grand bruit, je craignois
„ d'être découverte ; je changeai
„ mes premiers billets, en billets

II. Partie.   G

„ de France, & je fis voile pour
„ cette terre qui paroissoit de-
„ voir me convenir, sur le rap-
„ port de la liberté dont on y
„ jouissoit , & surtout sur la
„ bonne foi avec laquelle les
„ étrangers y étoient reçus dans
„ le sein de ses villes. Je me fis
„ instruire de leurs mœurs ; je
„ les goutai ; je partis de Lon-
„ dres, je m'embarquai au Port
„ le plus prochain, & arrivai
„ en France. Mes Lettres de-
„ voient m'être acquittées à
„ Lyon & à Paris. A Lyon je
„ perdis la moitié de mes effets,
„ soit parce que ou on ne con-
„ noissoit pas les noms de ceux
„ qui me les avoient signés, ou
„ que la plûpart des autres qui
„ étoient connus venoient de
„ faire banqueroute. Je reçus ce
„ qui me fut compté sans trop
„ m'allarmer, & je pris la route
„ de Paris. A peine arrivée dans

„ ce monde immenſe, je portai
„ mes billets aux Banquiers, je
„ perdis encore une ſomme très-
„ conſidérable, parce que deux
„ des Banquiers auxquels j'avois
„ à faire, venoient de faire ban-
„ queroute ; de ſorte que d'une
„ pacotille aſſez conſidérable que
„ j'avois ſauvée du naufrage ſor-
„ tant du Pérou, je me vis ré-
„ duite à Paris à un très - petit
„ fonds. Je louai une petite
„ maiſon à l'extrémité d'un Faux-
„ bourg de cette grande Ville,
„ aſſez proche d'une maiſon de
„ campagne d'un Seigneur de la
„ Cour, pere de M. le Comte.
„ J'avois placé mes petits fonds
„ ſur des Papiers courans qui
„ étoient pour lors en vigueur,
„ l'intérêt m'étoit exactement
„ payé ; je ne craignois que les
„ révolutions ; mais la bonne
„ foi du Gouvernement me raſ-
„ ſuroit. Je pris à mon ſervice

„ une bonne fille qui venoit de
„ quitter la maison du Comte,
„ n'étant pas assez forte pour
„ l'ouvrage qui lui étoit destiné.
„ De Domestique elle devint
„ mon amie, & à l'exception du
„ lieu de ma naissance & de ma
„ condition, je lui confiai mes
„ secrets. Cette bonne fille atten-
„ drie sur mon état, sur ma
„ situation, & des larmes qui
„ m'échappoient souvent, parla
„ de moi au Château, & m'y
„ représenta comme une étran-
„ gere qui n'étoit pas du com-
„ mun. Madame la Comtesse,
„ femme très-vertueuse & très-
„ sensible, étoit toujours pres-
„ que seule, son mari étant tou-
„ jours à la Cour ; de sorte
„ qu'elle menoit à son Château
„ une vie très - désagréable &
„ très-solitaire. Sur le rapport
„ que ma Domestique lui fit de
„ ma conduite, & de cet air

„ de grandeur que les malheurs
„ ne ſçavent point diminuer,
„ elle eut envie de me voir. Pour
„ ſe ſatisfaire elle engagea cette
„ fille à me mener promener
„ dans le Château pour y voir
„ les appartemens & les jardins,
„ qui étoient très-beaux & très-
„ bien entretenus. Elle indiqua
„ le jour & l'heure. Cette fille
„ me preſſa tant, que je ne pus
„ lui réſiſter. J'y allai. A peine
„ eûmes - nous pénétré l'anti-
„ chambre de la Comteſſe ,
„ qu'elle parut, & s'adreſſant à
„ ma Domeſtique : Te voilà ,
„ Jeannette, lui dit-elle, tu es
„ ici, & tu ne viens pas me voir?
„ Madame , lui repondit cette
„ fille, je n'aurois pas oſé pren-
„ dre cette liberté, étant en la
„ compagnie de ma maîtreſſe ,
„ en me montrant, qui n'a pas
„ l'honneur d'être connue de
„ vous ; & faiſant le tableau de

„ ma solitude , elle lui ajoûta
„ que pour me divertir , elle
„ m'avoit engagée à venir voir le
„ Château. La Comtesse surprise
„ de voir encore des graces sur
„ un visage abattu par la dou-
„ leur, me présenta la main, &
„ me fit entrer chez elle ; elle
„ me parla avec tant de bonté,
„ de dignité , qu'elle me fit con-
„ cevoir pour elle la plus par-
„ faite estime. Elle m'accom-
„ pagna partout, & me pria de
„ la venir voir souvent ; c'est sur
„ toi, Jeannette, que je me re-
„ pose de ce soin. Je répondis à
„ la Comtesse avec toute la défé-
„ rence que méritoit cette ten-
„ dre femme. Pendant près de six
„ mois que j'allois assidument
„ faire ma cour à la Comtesse,
„ mes chagrins se dissiperent,
„ mon cœur devint plus libre,
„ je repris de l'embonpoint, &
„ même de la gayeté.

» Au bout de ce tems M. le
» Comte arriva : je le sçus, &
» je me rendis moins assidue au
» Château. La Comtesse s'en
» apperçut , elle se fàcha , &
» m'envoya faire des reproches
» & de sa part & de la part de
» M. le Comte, en même tems
» qu'elle m'engageoit à venir
» pour la journée du lendemain ;
» que M. le Comte sur le rap-
» port qu'elle avoit fait de moi,
» souhaitoit fort avoir le plaisir
» de m'entretenir. C'étoit à peu
» près ce que contenoit sa Let-
» tre, qui me fut rendue par
» un de ses Domestiques.

» Je ne pus me refuser à cette
» invitation. J'y allai. Je fus très-
» contente de l'accueil que me
» fit le Comte ; mais je fus très-
» surprise du compliment que
» l'un & l'autre me firent, au
» moment que sur le soir je me
» disposois à les quitter. Ma-

»dame, me dit M. le Comte,
»je sçai l'amitié que vous porte
»Madame, en s'adreſſant à ſon
»Epouſe, je sçai combien vous
»la méritez, vous êtes ſeule,
»votre revenu eſt médiocre,
»votre phiſionomie, votre con-
»duite nous annoncent que vo-
»tre éducation n'eſt pas com-
»mune; je ne prétends point
»vous tirer votre ſecret, con-
»ſervez-le, Madame; mais laiſ-
»ſez-nous rendre juſtice à votre
»mérite & à votre prudence;
»nous avons réſolu que vous
»reſterez ici, que vous tiendrez
»compagnie à Madame, &
»l'aiderez à faire les honneurs
»d'ici. Permettez - nous, Ma-
»dame, de vous prier d'accep-
»ter un appartement que vous
»occuperez dès ce ſoir. Ren-
»voyez donc votre Domeſtique
»à votre maiſon dès ce ſoir,
»& laiſſez - lui le ſoin de vous

apporter

» apporter tout ce qui vous est
» néceffaire. Je vous confeille
» de vendre tout ce qui vous
» eft inutile. Voilà, Madame,
» la demande que nous vous
» prions d'accepter favorable-
» ment. Je ne pus en ce moment
» que protefter de toute ma re-
» connoiffance. Elle étoit auffi
» fincere que l'offre qui m'étoit
» faite. Je l'acceptai avec plaifir,
» & je reftai commenfale de la
» maifon du Comte & de la
» Comteffe, & amie de l'un &
» de l'autre.

. » J'entendois parfaitement le
» maniement des Domaines, c'é-
» toit moi qui gérois ceux de
» mon mari, beaucoup plus diffi-
» ciles à gouverner que ceux de
» France. Je me rendis utile, &
,, le Comte quelque tems après
» mécontent de fon homme d'af-
» faires, me chargea de l'admi-
» niftration de fes biens. Il n'y

II. Partie. H

» perdit pas. Le jeune Comte
» faisoit pour lors ses exercices,
» il venoit rarement au Château;
» il grandissoit avec ce caractere
» de prudence & de circons-
» pection que vous pouvez lui
» connoître, il aimoit le plaisir;
» mais il haïssoit l'éclat. Heureux
» quand les jeunes gens, Sei-
» gneurs surtout, peuvent se
» conduire avec cette modéra-
» tion. Quelques années après la
» Comtesse mourut. Le Comte
» la suivit de près. Le jeune
» Comte parvenu à un âge mûr
» s'attacha à moi, me fit la maî-
» tresse de tout, & me déposa
» son entiere confiance. Je fus
» sensible à ces marques de con-
» sidération, & surtout à la ten-
» dresse de la nature, qui ne lui
» permit pas de rien changer des
» sages dispositions de ses pere
» & mere.

    » Le jeune Comte aimoit plus

» cette Terre où nous sommes,
» Mademoiselle, d'ailleurs c'est
» la plus considérable de ses Do-
» maines. Il m'engagea à quitter
» l'autre, qui lui repréfentoit
» toujours la douleur de la mort
» de ses pere & mere. Sur mon
» confentement nous prîmes
» poffeffion de ce Château, &
» nous ne l'avons pas quitté.

» D'ailleurs le Comte aimoit
» paffionnément cette Terre,
» qui lui donne une étendue de
» chaffe qui eft fa paffion ; ce-
» pendant il s'ennuyoit. Je m'en
» apperçus. Les jeunes Seigneurs
» qui l'accompagnoient étoient
» trop bruyans, il aimoit les
» plaifirs fecrets & tranquilles.
» J'attribue à fon ennui l'arrivée
» de Defordhire. Il n'eft point
» libertin. Cette fille l'amufoit,
» c'étoit tout ce qu'il cherchoit.
» Il faut que le Marquis l'ait
» trompé pour s'être prêté à

„ l'enlevément de Mademoiſelle
„ Emilie, & lui avoir donné un
„ azile chez lui ; l'amitié qu'il
„ portoit à M. le Duc, & l'état
„ dans lequel il l'a vû l'ont fait
„ ſortir de ſon caractere, en ſouf-
„ frant qu'il vous ait enlevée &
„ amenée ici ; mais j'eſpere qu'il
„ rétablira toutes choſes. Il ſera
„ charmé du départ du jeune
„ Marquis & de ſa maîtreſſe, &
„ je ne crois pas que pareille
„ choſe lui arrive.

„ Voilà, Mademoiſelle, toute
„ ma vie & toute mon hiſtoire.
„ A ces traits ſpouvez-vous mé-
„ connoître une compatriote au
„ moins. Je l'avoue, tout dans
moi étoit dans une émotion
d'autant plus violente, que je
n'oſois encore la produire au
dehors. Mon cœur étoit preſſé,
mes yeux ſe rempliſſoient de
larmes, j'étois immobile, & ne
pouvois reſpirer ; cependant je

pris languiſſamment la parole.
„ Quelles preuves pouvez-vous
„ m'apporter de tout ce que je
„ viens d'entendre , ma chere
„ compatriote, lui dis-je, en lui
„ tendant la main, avez - vous
„ conſervé quelques heureux
„ veſtiges de ces titres que votre
„ mari vous a dépoſés ? Oui ,
„ Mademoiſelle , me dit cette
„ femme, que dis - je en moi-
„ même ma mere ! ma trop mal-
„ heureuſe mere , je vais vous
„ convaincre. Connoiſſez - vous
„ l'écriture de votre pere ? Oui ,
„ Madame , elle m'eſt encore
„ préſente, & je dois avoir de ſes
„ lettres dans un porte-feuille
„ que j'ai toujours ſur moi. Je
tirai ce porte-feuille , & j'en pris
quelques lettres. Ma grande-
mere me les arracha des mains
avec précipitation. Elle reconnut
l'écriture de ſon fils. Ah ! mon
fils, mon cher fils, s'écria-t-elle,

H iij

„ en les portant à sa bouche !
„ Ah ! ma chere fille, en se
„ jettant à mon col, enfin je
„ revois dans vous toute ma
„ malheureuse famille. „ A cette
tendresse je me jettai dans ses
bras, & j'arrosois son sein de
mes larmes.

Nous étions dans cette attitude pendant laquelle Emilie
jouoit auprès de nous le rolle
le plus patétique de la plus affectueuse amitié, lorsque M. le
Comte de * * * * entra précipi-
tamment. Nous fûmes longtems
sans l'appercevoir. Emilie l'inf-
truisoit de notre reconnoissance.
Qu'il y fut sensible lui-même !
Nous allons l'entendre s'exprimer. „ Que je suis enchanté,
„ Mademoiselle, s'adressant à
„ moi, de voir finir cette funeste
„ cataftrophe par des reconnoif-
„ sances aussi sensibles que celles
„ dont je suis témoin. Permettez-

„ moi d'y joindre mes vœux de
„ la plus parfaite congratulation.
„ Etant petite-fille de Madame,
„ vous ne pouvez qu'être revé-
„ rée en tout genre ; cependant
„ tranquillisez-vous un peu pour
„ entendre ce que j'ai à vous
„ dire ; car le tems preſſe. Le
„ Duc eſt malade, m'a-t-on dit,
„ & il repoſe, je ſuis charmé de
„ pouvoir vous entretenir en ſon
„ abſence, nous prendrons avec
„ plus de prudence les moyens
„ de l'en inſtruire lui-même.

„ Je me ſuis rendu à Verſailles,
„ j'ai parlé au Miniſtre, qui avoit
„ déja en main les plaintes de
„ Madame la Ducheſſe & de ſa
„ Sœur ; j'étois compromis dans
„ cette accuſation, & déja l'on
„ me cherchoit, quand le Mi-
„ niſtre me dit d'un ton aſſez
„ grave pour m'en impoſer de
„ lire ces Mémoires. Le Roi,
„ me dit-il, n'eſt pas encore

H iiij

„ inftruit de tous ces crimes, je
„ n'ai reçu ce paquet qu'hier
„ fort tard, je viens d'envoyer
„ chez vous pour m'informer de
„ tout le contenu du Mémoire,
„ dans lequel vous jouez un affez
„ beau rolle. Dites-moi la vé-
„ rité, & ne m'en impofez point.
„ Je la lui dis avec toute la fim-
„ plicité poffible. Le Miniftre
„ pour lors me dit : Je vous ai
„ connu fi prudent, que je ne
„ me fuffe jamais imaginé que
„ vous euffiez donné les mains
„ à de pareilles étourderies ;
„ voyons le remede, & qu'il
„ agiffe promptement. Le Mi-
„ niftre radouci, je me fentis
„ plus de liberté ; j'ai reconnu
„ mon erreur, lui dis-je, à la
„ feule vûe & au feul caractere
„ de Mademoifelle Sophie ; je
„ fuis vîte accouru pour préve-
„ nir vos ordres. Le Duc de * * *
„ l'aime à la paffion ; mais fa

„ vertu qui combattoit ſa fureur
„ a pris le deſſus. Je lui ai rap-
„ pellé le portrait du déſordre
„ de ſon cœur, qui m'avoit fait
„ prêter à ces criminels déſirs
„ qui l'agitoient ; mais revenu
„ de mon erreur, j'avois couru
„ toute la nuit pour être à por-
„ tée de mettre ordre aux ſuites
„ d'un enlevement ſi criminel ;
„ que j'étois heureux de trouver
„ dans le Miniſtre autant de
„ bontés pour le criminel que
„ de zéle à punir le crime ; que
„ je ne pouvois trouver de meil-
„ leur expédient, que celui de
„ partir inceſſamment pour me
„ rendre auprès de la Ducheſſe,
„ lui faire l'aveu de tout, & de
„ l'engager à venir elle - même
„ chercher ſa chere enfant, qui
„ méritôit ſon eſtime & ſon at-
„ tachement. Voilà quel eſt mon
„ deſſein, Monſieur, lui ai - je
„ ajouté. Nous dirons que ſon

„ fils eſt parti pour ſon Régi-
„ ment, & qu'il eſt tombé malade
„ chez moi en chemin, & que
„ Sophie eſt venue dans mon
„ Château par la permiſſion de
„ Madame la Ducheſſe, ſçachant
„ que j'avois chez moi une
„ Dame qui étoit Péruvienne
„ pour pouvoir ſçavoir des nou-
„ velles de ſa famille, dont les
„ circonſtances fâcheuſes l'a-
„ voient éloignée ; ce que Ma-
„ dame la Ducheſſe confirmant
„ elle-même, par la peine qu'elle
„ ſe donnera de l'y venir trou-
„ ver & de la ramener, ne
„ laiſſera plus aucun doute ſur
„ la ponctualité de nos arran-
„ gemens.

„ Le Miniſtre a trouvé cet
„ expédient excellent, m'a or-
„ donné de partir, & de lui venir
„ rendre compte de tout ce qui
„ ſe ſeroit paſſé. Vous pouvez,
„ m'a-t-il dit, vous dépêcher, de

„façon que ce foir je puiſſe
„recevoir des Lettres de Ma-
„dame la Ducheſſe qui dé-
„mentent ſon Mémoire. Pro-
„meſſes faites, je ſuis parti ſur
„le champ, & m'étant fait an-
„noncer à Madame la Du-
„cheſſe, je me préſentai.

„Cette chere & reſpectable
„femme étoit dans ſon lit acca-
„blée de la douleur la plus
„vive. Je fus annoncé. Je parus.
„Je me jettai à ſes pieds. J'a-
„vouai mes erreurs & mon
„crime. Je peignis la douleur
„de ſon fils, ſon amour, ſon
„reſpect, ſes craintes, ſes allar-
„mes, ſa tendreſſe, la beauté,
„la grandeur des ſentimens de
„Mademoiſelle. Sophie. Je les
„rendis tous innocens, & me
„fis ſeul coupable. Madame la
„Ducheſſe le croit, ſon cœur
„ſe dilate, elle me parle avec
„bonté, regrette ſa précipita-

„ tion , & me demande quel eſt
„ le remede à tant de malheurs.
„ Je lui fis part de ma démarche
„ auprès du Miniſtre , & de nos
„ arrangemens. Elle appelle ſes
„ femmes , ſe leve , s'habille ,
„ paſſe dans ſon cabinet, & me
„ remet ſa Lettre pour le Mi-
„ niſtre, dont j'ai eu ſoin de
„ garder copie. Elle le prie de
„ ne faire aucun uſage de ſon
„ Mémoire ; que ſes allarmes
„ n'avoient de fondement que
„ dans une trop grande vivacité
„ de tendreſſe ; qu'elle venoit
„ d'apprendre qu'un. Seigneur
„ avoit enlevé une jeune fille , &
„ que comme Sophie étoit au
„ Château de * * * * elle avoit
„ craint que ſon fils n'eût fait
„ une ſottiſe, & que. le Comte
„ de * * * * ne l'eût autoriſé ;
„ mais que le Comte venoit
„ lui-même de diſſiper ſes crain-
„ tes , qu'elle devoit partir pour

„la Terre du Comte dans deux
„jours.

„Je fis partir cette Lettre fur
„le champ, qui dégagea ma
„parole auprès du Miniftre.
„Nous convînmes que je me
„rendrois le lendemain matin
„auprès de fa fœur Abbeffe de
„ * * * * qu'elle me chargeroit
„d'une Lettre pour la prévenir
„de confentir à nos deffeins,
„afin qu'elle écrivît de la même
„façon au Miniftre ; que je fe-
„rois le porteur de cette Lettre,
„afin d'effacer jufqu'aux moin-
„dres impreffions que cet évé-
„nement devenu public pourroit
„faire fur les efprits.

„En effet le lendemain je
„partis pour l'Abbaye de * * *
„Je rendis la Lettre de la Du-
„cheffe à l'Abbeffe fa fœur. Elle
„fe prêta à tous nos arrange-
„mens, écrivit conformément,
„& fur le champ je partis pour

»Verſailles. Le Miniſtre me reçut
»avec bonté, & m'aſſura que
»ceci n'auroit point de ſuite;
»mais que j'euſſe à l'inſtruire de
»l'exécution des paroles de la
»Ducheſſe, ce que je lui ai pro-
»mis, & à quoi je ne manquerai
»pas. Je peux, me dit le Mi-
»niſtre, vous inſtruire d'une
»avanture qui couvrira la con-
»duite du Duc; l'étourdi de
»Marquis de * * * vient d'être
»arrêté au Havre emmenant une
»fille en Angleterre, il n'avoit
»point de paſſeport, & écrivoit
»à ſon homme d'affaires de lui
»en envoyer un. Cette Lettre
»que l'on m'a renvoyée, por-
»toit un détail de ſa conduite
»dont cet Intendant frere de la
»perſonne enlevée avoit été le
»Mentor, & cette fille appar-
»tient à de fort honnêtes gens
»de Paris, qui gémiſſent depuis
»longtems du ſort de leur en-

„ fant. J'ai fait partir les ordres
„ du Roi, pour ramener cette
„ fille à ses parens, conduire le
„ Marquis en lieu de sûreté, &
„ je viens d'expédier de pareils
„ ordres pour arrêter le frere
„ sacrilege. Cette histoire va
„ faire du bruit, de façon que la
„ vôtre confondue dans celle-ci
„ ne formera aucune impression.
„ Si le Ministre m'eût bien con-
„ sidéré, je l'avoüe, quand il
„ commença son récit, il m'eût
„ trouvé la phisionomie bien al-
„ térée ; mais j'avois eu le tems
„ de me remettre, & quand il
„ eut fini, je l'assurai que du
„ même pas j'allois à ma Terre
„ mettre à notre œuvre la der-
„ niere main.

„ De quelle tendre surprise
„ n'ai-je pas été ému en vous
„ voyant, Mademoiselle, en
„ s'adressant à Emilie ! Je n'ai
„ pas pû vous exprimer les sen-

„ timens dont j'étois agité,
„ voyant en entrant tant d'au-
„ tres tendres circonſtances qui
„ m'occupoient. Ce n'eſt point
„ Emilie que l'on a enlevée,
„ M. repliqua cette chere fille,
„ c'eſt Mademoiſelle Deſordhire.
„ Mademoiſelle , s'adreſſant à
„ moi, m'a donné azile chez
„ elle, elle connoît ma vertu &
„ mon innocence. Mais laiſſons
„ cela, vous avez des affaires
„ plus preſſantes.

Au même inſtant on vint chercher ma grand-mere de la part du Duc. Allez, Madame, lui dit-le Comte, préparez-le à me recevoir, & concertons ici avec Mademoiſelle Sophie nos meſures à ſon égard. Le Comte reprit la parole, & me dit : Mademoiſelle, nous attendons demain au ſoir Madame la Du-cheſſe, il faudra aller au-devant d'elle, la prévenir de la maladie

de

de son fils ; cela suspendra ses reproches, & nous aurons le loisir de faire sa paix. * * *

Que d'actions de graces n'ai-je point à vous rendre, lui dis-je, de tant de soins & de peines que vous prenez pour une fille aussi infortunée ! A ces traits je reconnois la vertu, & le mérite du François. Reprenant ensuite un ton badin : Au surplus, M. le Comte, vous méritez bien cette petite leçon ; cela vaut mieux qu'un Sermon. . . . . En attendant que le Duc soit en état de me voir, je vous prie, dit le Comte, racontez-moi l'enlevement de Desordhire, & en même tems la reconnoissance de votre grand-mere ; cette femme étoit l'amie intime de mon pere & de ma mere, elle n'a jamais rien sçu de nos extra-vagances ; elle est respectable en-vérité, je la crois femme de condition, je ſçai qu'elle étoit Péruvienne ; mais je n'en ſçai pas davantage.

M. le Comte, lui répondis-je, ſi elle me dit la vérité, elle eſt de la premiere Maiſon de notre Nation. Son mari étoit Gouverneur du Perou, & a été le dernier de ſa race, qui tire ſon origine des Rois du pays. Elle en a les titres que ſon mari lui a remis avant l'exécution de cette derniere révolte, qui a été appaiſée par le ſang de mes compatriotes, & la mort de ſon mari. Je lui racontai tout ce qu'elle m'en avoit dit, & lui dis que je ne doutois plus que ce ne fût ma grand-mere. Tant mieux, me dit le Comte, vous aimez le Duc, & le Duc vous aime, cela n'eſt pas douteux. Il faut que Madame votre mere uniſſe deux cœurs ſi amans l'un de l'autre, & ſi vertueux. Arrê-

tez, M. le Comte, lui repliquai-je en l'interrompant, arrêtez, donnez le tems à la vertu
du Duc de fe raffermir, & de
foutenir les épreuves qui puif-
fent juftifier fon repentir. Nous
avons le tems d'y penfer, fon-
geons à Madame la Ducheffe.
Mais cependant que dites-vous
de l'équipée de votre Maîtreffe?
Elle m'eft indifférente, repliqua
le Comte, & je fuis charmé
d'en être débaraffé..... Eh !
comment, Mademoifelle, vous
êtes - vous tirée du libertinage
du Marquis, s'adreffant à Emilie ? Cette fille lui fit le récit
de fes événemens. Ce récit fit
plaifir au Comte. Je fuis charmé, lui repliqua - t - il, que les
chofes fe foient paffées comme
vous me l'affurez, une fille
comme vous n'eft guéres le fait
d'un auffi grand libertin. Il m'a
dit cent fois que vos caprices

l'irritoient, & que la feule diffi-
culté étoit de vous remettre à
fes parens. Sans cela il y a longtems qu'il vous auroit abandonnée.

Ma mere entra, qui fit ceſſer
ces récits réciproques. M. le
Comte, lui dit-elle, vous pouvez entrer chez M. le Duc, il
n'a plus de fiévre, il a même
apetit, fa force lui eſt revenue,
il compte s'habiller, & dîner
avec nous. A préfent, nous dit
ma mere, vous pouvez defcendre, nous dînerons tous enfemble, vous n'avez plus rien à
craindre. Nous nous embraffâ-
mes avec tendreffe, & toute la
joye répandue fur notre phifionomie, fe répandit auffi fur
toute la maifon.

Pendant que le Comte étoit
avec le Duc, ma mere nous fit
defcendre pour la premiere fois,
& nous fit voir le Château,

qui nous parut fort beau, fort accommodé, & du dernier goût; les Tableaux, la Bibliotheque nous occuperent jufqu'au dîner. A peine fûmes-nous dans la Salle à manger, que le Comte parut donnant la main au Duc. Il étoit encore un peu pâle. Le Comte me le préfenta, & me pria de lui faire un bon accueil. Il fçait que je lui ai tout pardonné, lui repondis-je: Il fçait plus, il fçait qu'il n'a que mon eftime à acquerir. Le Duc voulut fe jetter à mes pieds, je m'apperçus de fon mouvement, je tournai le dos, & dit: Allons, mettons-nous à table, & noyons nos chagrins dans le plaifir de nous voir tous réünis.

Après le dîner on propofa la promenade. Je vis les Jardins & le Parc, dont la vûe, la pofition & l'art joints à la nature, faifoient le plus charmant coup d’œil. Tantôt je m’entretenois avec ma mere, tantôt avec Emilie, tantôt avec le Comte, & peu avec le Duc. Je craignois trop les effets de ses remords tumultueux. Ce fut une épreuve sensible pour lui ; mais il n’étoit encore qu’au commencement de sa pénitence. Ce fut ainsi que nous passâmes la journée le plus gaiment du monde.

Le lendemain le Comte entra de bonne heure dans ma chambre, & me fit part de la joye que j’avois répandue dans le cœur de mon Amant. Ma mere présente à cette conversation, reprit elle-même la preuve de ce qu’elle m’avoit dit la veille ; elle alla chercher ses Archives, que le Comte feuilleta avec attention, & ce qui le frappa surtout, furent les Lettres du Roi d’Espagne regnant, qui écrivoit à son mari avec tous les témoi-

gnages de bienveillance & de
fentimens de grandeur. Ceci ,
dit-il, eft bien bon ; mais ce.
qui eft le meilleur & fans repli-
que , ce font les conformations
généalogiques., & celles de vos
poffeffions que le même Roi a
fignées, dont voici les extraits
en bonne forme. Gardez bien
cela , Madame, & je trouverai
les moyens d'en faire un bon
ufage. Enfin je n'étois déja plus
Sophie, & ma mere n'étoit plus
l'Intendante de la Maifon ; tout
reprit une nouvelle face. Mais
attendons que la Providence &
les circonftances des chofes en
ordonnent.

Après le dîner, nous nous
difpofâmes à monter en caléche
pour aller au-devant de ma
chere Ducheffe. Il étoit dit que
le Duc refteroit au lit, & ma
mere à côté de lui, qui pourroit l'entretenir de ce dont elle

jugeroit à propos, à l'exception de notre travail du matin.

Dans ces difpofitions nous partîmes. A une lieue du grand chemin, nous apperçûmes la voiture de la Ducheffe, qui rouloit affez grand train. Nous defcendîmes de la nôtre, & allâmes à petit pas au-devant de cette refpectable Dame. Quelles careffes ! Quels tendres embraffemens n'en reçus-je pas dans cet inftant de plaifir ! Il faut en avoir fenti l'impreffion ! l'expreffion rend tout au plus mal l'idée de ces heureux inftans. Je montai dans fon caroffe ; Emilie tendrement embraffée fe mit à mon côté, & le Comte prit place auprès de la Ducheffe, pour pouvoir être plus à la portée de lui dire l'état de fon fils. Les deux femmes de la Ducheffe prirent notre caléche, & fuivirent le caroffe de leur Maîtreffe.

La

La Duchesse levant les yeux
sur le Comte, lui dit d'un ton
plus tendre qu'irrité : Ce fils,
ce fils ingrat n'a donc pas eu la
force de s'exposer à mes premiers regards. Hélas ! Madame,
lui repliqua le Comte, il n'est
pas en état de pouvoir se présenter. Seroit-il malade, reprit
la Duchesse, autre surcroit de
douleur ! Non, Madame, lui
dit le Comte ; mais la violence
de son repentir, & la douleur
d'avoir attristé une mere aussi
digne que vous de sa tendresse,
ne lui permet pas de paroître ;
il est même au lit, où il tâche
de réparer ses forces abattues.
Mais oubliez-vous, Madame,
que je suis le seul coupable, &
que vous m'avez pardonné ?
M. votre fils n'est que complice ;
pouvez-vous encore lui refuser
des bontés dont vous honorez
un étranger ? Comte, dit la

Duchesse en riant, que vous êtes insinuant, que vous sçavez éprouver le sensible d'une mere, & surtout que vous êtes habile en expédiens. La conversation roula sur ce ton à la satisfaction de l'équipage. Nous arrivons au Château, nous conduisons la Duchesse dans son appartement, nous lui tenons compagnie pendant que le Comte va prévenir son ami. Je saisis ce moment pour lui raconter en bref que cette Péruvienne dont elle avoit entendu déja parler, étoit ma grand-mere, je lui cachai son nom & sa naissance. Grand Dieu, dit cette amie tendre, que tes misteres sont adorables ! Et revenant ensuite sur le compte d'Emilie, elle lui demanda l'histoire de son enlévement ; ce qu'Emilie lui raconta d'une façon aussi naïve que succinte.

Le Comte arriva au moment

que le récit d'Emilie finiſſoit.
Madame, dit-il à la Ducheſſe,
votre cher fils vous attend avec
la derniere impatience ; cependant nous avons quelque choſe
de plus important. J'ai donné
ma parole au Miniſtre que vous
l'inſtruiriez de votre arrivée ici,
& que vous lui confirmeriez
ce que vous lui avez précé-
demment écrit. Voici, en pré-
ſentant une table à la Ducheſſe,
des plumes, du papier & de
l'encre. La Ducheſſe écrivit, &
marqua qu'elle arrivoit dans
l'inſtant au Château de * * * *
qu'elle y avoit trouvé ſa chere
Sophie en fort bonne ſanté, &
fort gaye ; que dans la Péruvienne elle y avoit rencontré
ma grand-mere, que ſon fils
étoit toujours indiſpoſé ; mais
que cela ne ſeroit rien, & que
dans peu de jours il partiroit
pour ſon Régiment.

K ij

La Duchesse eut la satisfaction de revoir ce cher fils en faveur duquel son cœur lui parloit sans cesse. Elle entre, elle voit ce fils, l'embrasse, le regarde & le demande encore ; les reproches sont échappés ! Il faut calmer l'effort de son repentir, elle y réussit. Le Duc demande permission de se lever, on lui ordonne de garder le lit ; il y reste. La Duchesse se retire, nous soupons avec gayeté, & nous dormons très - tranquillement.

Le lendemain nous attendîmes le lever de la Duchesse ; aussitôt prévenüe qu'elle étoit visible, nous nous rendons tous à sa chambre. La joye étoit peinte sur toute elle-même, pas un geste qui n'en ressentît les mouvemens. Le Comte annonça le Duc son fils ; les transports de tendresse de cette mere se renouvellerent.

Le Duc fe portoit à merveille, il avoit bien dormi, & n'avoit penfé qu'à s'abandonner à la joye. Quel embarras pour lui d'ofer jetter les yeux fur moi devant fa mere ! Elle s'appercevoit de cet embarras ; mais fuivant elle-même mes différentes impreffions, elle ne lui parla point de moi. Tout le jour fe paffa dans cette indifférence fur fes amours, & encore plus fur fon équipée.

Le Duc fe rétablit enfin entierement. Sa mere lui annonça qu'il falloit partir pour fon Régiment, qu'elle en avoit donné la parole au Miniftre. Elle lui permit d'écrire au Miniftre dès qu'il auroit joint, que de fon côté elle juftifieroit tout ce qu'il lui écriroit. Le Duc ne repliqua pas, il eut auffi foin de renfermer en lui-même la violence de fon amour. Je fentis les efforts de fon filence, je lui en fçus bon gré. Le jour fixé arriva, il partit enfin.

Nous voilà libres, ma chere Sophie : ton tyran n'eft plus ici, me dit la Ducheffe en particulier ; quels fentimens d'horreur t'a infpiré fa conduite ! Dis-moi, ma fille, ce qui s'eft paffé dans ton cœur ? Madame, je l'a-vouerai ; on ne peut m'aimer plus violemment que m'aime M. votre fils, c'eft fureur de fa part ; mais elle a une caufe trop deshonorante pour moi. Ce n'eft pas l'amour feul qui l'a porté à cette extravagance, c'eft l'orgueil de fa maifon ; m'unir à lui, ç'eût été la deshonorer. M'en-lever, enlever la fille d'un Sé-cretaire de fon pere ! C'eft affez pour Sophie. Voilà les principes de vos jeunes Seigneurs. Quant à moi, Madame, je l'aime & ne peux ceffer de l'aimer ; il a sçu l'aveu que je vous en ai fait pendant sa maladie, il m'a tout avoüé, & c'est depuis ce tems que j'ai été en butte à sa fureur d'aimer. Cependant ne craignez point, Madame, que je fasse ce tort à un nom que je respecte & que j'honore. Quand je serois Princesse, jamais M. votre fils n'aura de moi un consentement, ou bien il changera de façon de penser. Que je suis enchantée, reprit la Duchesse, de ta sincérité.

Dis-moi comment tu t'y es prise en arrivant ici, & comment les choses se sont passées ? Je lui en fis le récit avec toute la naïveté possible ; cette femme admira ma présence d'esprit, me loua, m'embrassa, & me fit mille tendres caresses. Je souhaite, ma chere fille, trouver pour mon fils une fille aussi adorable que toi. C'est ainsi

que souvent nous nous entre-
tenions.

Un jour que nous étions ensemble, la Duchesse, le Comte
& moi, la Duchesse pensant à
Emilie dont elle sçavoit l'histoire, nous dit : Cette fille
m'embarasse ; son pere a fait un
tapage horrible, sa justification
ne sera jamais sans soupçon. Je
compte bien l'emmener avec
moi & la rendre à ses parens ;
mais comment exécuter ce projet à sa satisfaction ? Rien de si
aisé, Madame, reprit le Comte,
elle aime un de ses égaux. Si son
alliance convient à son pere, il
n'y a qu'à le prévenir, lui ouvrir la voye de renouer ses espé-
rances, & les marier ici. » C'est
„ bien dit, repliqua la Duchesse,
„ M. le Comte est un homme
„ à ressources ...... Allons,
„ Comte, prenez les intérêts de
„ cette chere infortunée .... Pas

plus tard qu'après le dîner ; reprit le Comte, je vais partir pour Versailles, rendre compte au Miniſtre de tout, le remercier de ſes bontés de votre part & de la mienne, delà partir pour Paris, & travailler à la bonne œuvre que vous me propoſez.

Le Comte avoit bien un autre deſſein, dont je me doutai ſur le rapport de ma tendre *Mama* ; car à peine eut-il dit ſes intentions à Madame la Ducheſſe, qu'il alla s'enfermer dans la chambre de ma grand-mere, & là il fit un Mémoire de tout ce qui me concernoit, en y joignant les nottes des Papiers les plus eſſentiels, pour en faire l'uſage qu'il méditoit. Il part en effet après le dîner pour Verſailles, il trouve le Miniſtre qui le reçoit avec l'accueil le plus gracieux. » Tout eſt tranquille „ à préſent, lui dit-il, on s'étoit

„ trompé à l'égard de la fille
„ enlevée, c'étoit une Actrice de
„ l'Opéra. Le pere d'Emilie l'a
„ reconnue quand on la lui a
„ préfentée comme fa fille ; auffi
„ a-t-elle été coucher à l'Hôpital
„ Général, où elle eft encore à
„ préfent, & où vraifemblable-
„ ment elle reftera encore long-
„ tems ; le Marquis eft dans une
„ maifon de force, & le frere
„ d'Emilie eft paffé aux Ifles ;
„ c'eft un châtiment trop doux
„ pour un fi abominable homme ;
„ mais enfin on ne veut point la
„ mort du pécheur.

Quand le Miniftre eut ceffé
de parler, le Comte reprit le
fujet de fon voyage à Verfailles.
„ M. lui dit-il, je vais vous fur-
„ prendre par le récit que vous
„ me permettrez de vous faire.
„ Il eft impoffible de jamais
„ éteindre l'amour du Duc de
„ **** Il eft parti pour fon

„ Régiment par obéïſſance à vos
„ ordres, & par zéle pour ſes
„ devoirs ; mais il y a tout lieu
„ de craindre pour ſes jours,
„ s'il ne reçoit pas de ma part
„ quelque conſolation. Cette Pé-
„ ruvienne, l'amie intime de
„ mon pere & de ma mere,
„ femme aimable, d'un eſprit
„ orné & peu commun, & que
„ j'ai reſpectée toute ma vie
„ d'après mon pere & ma mere,
„ eſt la grand-mere de Sophie ;
„ cela n'eſt pas douteux. Ma-
„ dame la Ducheſſe l'aime déjà
„ de tout ſon cœur ; Sophie
„ aime le Duc ; mais elle a trop
„ de ſentiment pour l'épouſer
„ dans l'ardeur de ſes folies.
„ Madame la Ducheſſe malgré
„ ſa tendreſſe pour cette fille,
„ rougiroit de cette alliance ; ce-
„ pendant ſi ce que la grand-
„ mere de Sophie m'a dit &
„ prouvé, étoit réel, je crois

„ que Sophie feroit autant d'hon-
„ neur pour le moins au Duc,
„ qu'elle en pourroit recevoir
„ de lui. Madame la Duchesse
„ ignore encore ce que je vais
„ vous présenter. Dans l'instant
le Comte tira de sa poche son
Mémoire ; le Ministre le lut,
il y fit attention. Laissez-moi ce
Mémoire, Comte, lui dit-il,
je vais l'envoyer en Espagne,
& je vous ferai sçavoir la réponse. Le Comte remercia le
Ministre, & partit pour Paris.

À peine le Comte fut-il arrivé,
qu'il alla chez le Jouaillier acheter quelque chose dont il n'avoit
pas trop besoin, mais à l'effet
de s'introduire. Il demanda à
parler au pere & à la mere d'E-
milie, les mit sur le chapitre
de leur fille. Ces tendres parens
s'exprimerent par la douleur la
plus sensible sur la perte qu'ils
en avoient faite. Ils lui dirent ce

qui s'étoit paſſé depuis peu, &
ce qu'il ſçavoit auſſi bien qu'eux.
Il eſt donc clair, ajoûterent-ils,
que ce n'eſt pas le Marquis que
nous avions ſoupçonné qui· a
enlevé notre fille ; ſon malheureux frere eſt la cheville ouvriere de notre deshonneur ; il
eſt banni, c'eſt un miſerable
que nous deshéritons. Notre
fille, continua le pere, avoit
ici un bon parti qu'elle aime,
nous n'en doutons point ; ſa
famille & lui-même ſe donnent
des peines infinies pour retrou-
ver notre chere Emilie ; mais
où la prendre ?..... Ne vous
allarmez point, mes chers enfans, dit le Comte, je peux
vous en rendre raiſon, & ſi les
choſes ſont comme vous me
le dites, appellez cette famille
qui recherche votre fille, &
aſſurez-les qu'elle eſt & a toujours été avec une Ducheſſe

femme la plus vertueuſe & la plus reſpectable, qui l'a priſe ſous ſa protection.

Si vous êtes l'une & l'autre famille dans cette diſpoſition, je repaſſerai demain à la même heure, & je vous en dirai davantage. Ces bonnes gens ſe jetterent aux pieds du Comte, lui donnerent mille bénédictions, & l'aſſurerent qu'ils alloient ſur ſa parole ſe concilier.

En effet le lendemain le Comte trouva chez le Jouaillier, ſa femme, le pere & la mere de l'Amant d'Emilie, & l'Amant même ; tous enſemble lui redemanderent Emilie. Le Comte parla plus ouvertement, & dit qu'il falloit que les deux familles aſſemblées partiſſent le lendemain matin pour ſa Terre de * * * qu'ils y trouveroient leur cher Emilie, tendrement aimée de la Ducheſſe de * * * * qu'il fallo

amener le cher Amant, & fans
que perfonne en eût connoiffance, les joindre pour jamais
par un vœu folemnel.

Le Comte n'eut pas plutôt
quitté ces honnêtes gens, qu'il
reprit le chemin de fon Château, & arriva comme nous al-
lions nous mettre à table pour
fouper. Il mangea de fort bon
apetit ; mais il ne nous dit rien
pour ce moment de fa conduite.
Le lendemain il fe trouva de
bonne heure au lever de Madame la Ducheffe, qui me fit
prier d'être de tiers. Le Comte
nous raconta comment il avoit
réuffi ; mais il tut ce qu'il avoit
fait en ma faveur auprès du Miniftre. Quand il eut ceffé, on
applaudit à fa prudence, & on
fit entrer Emilie.

La Ducheffe après nous avoir
entretenu de chofes indifférentes,
demanda à Emilie fi elle aimoit

encore le jeune hmome qui faifoit partie de fon hiftoire. Emilie rougit, & avoua qu'elle fouhaitoit le trouver auffi rempli
de repentir que de tendreffe.
Cela étant, ma chere Emilie,
vous ferez biëntôt contente ,
votre pere, votre mere, votre
futur beau-pere & votre future
belle-mere, & qui plus eft votre
Amant, arrivent aujourd'hui, &
je compte que nous ferons ici
les nôces. Cela vous dédomma-
gera bien de toutes vos peines.
Émilie embaraffée au dernier
point , & ne pouvant com-
prendre ce myftere, fe jetta aux
pieds de la Ducheffe, lui déve-
loppa fes fentimens de reconnoiffance, en l'engageant à lui
conter *le comment* de cette nouvelle, qui étoit une nouvelle
preuve de fes bontés. ,, C'eft à
,, M. le Comte, Mademoifelle,
,, à qui il faut que vous vous
,, adreffiez ,

» adreſſiez, il eſt le reſtaurateur
» de ces torts, & c'eſt lui qui
» a mis à bonne fin cette mal-
» heureuſe avanture.

Le Comte reprit la parole, &
lui dit en bref comment il s'étoit
comporté pour lui rendre ce
ſervice eſſentiel. Il ne lui cacha
rien de la punition du Marquis,
de ſon frere & de Deſordhire.
Emilie plaignit le ſort de ſon
malheureux frere, s'embaraſſa
peu du Marquis & de ſa Maîtreſſe, ſe réjouit de l'arrivée prochaine de ſon pere & de ſa mere,
& rougit de celle de ſon Amant.

Enfin le moment tant ſouhaité
arriva. On avoit concerté d'a-
mener les choſes par dégrés.
Pour y réuſſir on devoit faire
d'abord paſſer les nouveaux ar-
rivés chez Madame la Ducheſſe,
qui les inſtruiroit de l'événement, & leur déclareroit ſes intentions.

II. Partie. I

Les deux familles arrivent, le Comte les reçoit, les fait monter chez la Duchesse, qui les embrassa tous avec les senti-mens d'une sincere amitié. » J'é-
„ tois ici, dit la Duchesse,
„ quand votre fille y a été ame-
„ née ; le Marquis de * * * * est
„ son ravisseur ; mais dès qu'il
„ eut appris que j'y étois, il est
„ retourné sans nous voir s'atta-
„ cher à son Actrice. Les cir-
„ constances ont exigé de ne
„ point découvrir les choses,
„ ç'eût été rendre le remede pire
„ que le mal, & deshonorer
„ votre fille. Mais ayant appris
„ que le Marquis avoit été pris,
„ M. le Comte s'est chargé de
„ vous le faire sçavoir ; ainsi
„ soyez surs de la vertu de votre
„ fille.... Et vous jeune Amant,
„ s'adressant au jeune homme,
„ faites votre paix avec Emilie,
„ bientôt vous la verrez. Je la

„crois un peu fâchée contre
„vous ; mais entre Amants les
„brouilleries n'ont point de
„suite. „ Le jeune homme rou-
gissoit, pâlissoit, remercioit,
balbutioit, & cherchoit des yeux
sa chere Emilie pour obtenir
son pardon. Les choses enfin
disposées, on vit entrer Emilie
que Sophie conduisoit. Que
l'on se représente le désordre de
la tendresse, & celui de l'amour.
Cette chere fille passoit des
mains des uns dans les autres ;
tous pleuroient de tendresse,
d'amitié & d'amour. Le jeune
homme se jetta mille fois à ses
pieds, les noya de ses larmes,
obtint grace, & reçut sa main.

Le lendemain on prépara toutes
les formalités du mariage, qui
se fit dans la Chapelle du Château avec toute la solemnité
des cérémonies. La Duchesse en
voulut faire les frais, & les

réjouiſſances durerent huit jours,
à la ſatisfaction de tout le monde.
Ce tems paſſé dans la joye & les
divertiſſemens réciproques, les
nouveaux mariés & leurs parens
remercierent la Ducheſſe, prirent congé d'elle, de tous nous
autres, & partirent chargés des
préſens de la Ducheſſe & de
toute la maiſon. Laiſſons-les à
Paris, & revenons à moi.

Deux jours après le départ
de nos jeunes mariés, nous pro-
menant après le dîner dans le
Parc, Madame la Ducheſſe, le
Comte & moi, & nous entre-
tenant du jour de notre départ,
on vint avertir le Comte qu'il
venoit d'arriver un courier de
la part de la Cour. Le Comte
ſe retourne, il voit le courier
ſur ſes pas, qui lui remit les
ordres en notre préſence. Le
Comte ſe retira pour en prendre
lecture, & peu après nous

aborda pour nous demander
nos ordres pour Versailles. Il
venoit de recevoir la réponse
de son Mémoire avec toute la
satisfaction possible ; il pria Madame la Duchesse d'attendre son
retour.

Le Comte partit sur le champ,
remercia le Ministre ; mais, lui
„dit-il, M. ce n'est pas assez
„d'avoir si heureusement com-
„mencé, ne pourriez-vous pas
„faire en sorte que les biens
„soient restitués ? Pourquoi le
„Roi d'Espagne ne se prêteroit-il
„pas à traiter honorablement
„ce reste infortuné des anciens
„Rois du Pérou, & à le réta-
„blir dans toute la réparation
„qu'il mérite ? » Cela se peut,
lui dit le Ministre, j'en parlerai
au Roi, restez ici quelques
jours.

En effet le Ministre fit au Roi
le détail de mes amours & de

mes avantures, & après lui avoir
certifié la vérité de tout , par
la réponse du Ministre d'Espagne , le Roi voulut bien qu'on
se servît de son nom pour opérer ce rétablissement. Il voulut
plus , il ordonna à son Ministre
de marquer à celui d'Espagne
l'intérêt qu'il y prenoit, vû l'alliance qui se projettoit de la
petite-fille du Prince Gouverneur du Perou avec un Seigneur
de sa Cour , pour lequel il étoit
pénétré du plus vif intérêt.

Le Ministre fit au Comte le
récit de son heureuse négocia-
tion , il se chargea de faire les Mémoires convenables , & d'ache-
ver cette entreprise. Le Comte
fort content reprit le chemin
de son Château , & arriva avec
la joye la plus manifeste. „Qu'a-
„vez-vous donc, lui dit Ma-
„dame la Duchesse ? Les bon-
„tés dont le Ministre daigne

„ m'honorer, répondit le Comte,
„ me jettent dans cette vivacité
„ de gayeté que vous apper-
„ cevez. On lui fit beaucoup de
complimens. Tantôt il agaçoit
ma grand-mere, tantôt se rioit
de mes amours, & la Duchesse
se taisoit ou ne répondoit que
foiblement.... „ Puisses-tu être
„ seulement noble, ma chere So-
„ phie, mon fils seroit bientôt
„ au comble de ses vœux, me
dit cette charmante mais superbe
mere un jour qu'elle venoit de
recevoir des nouvelles de son
fils, & qu'elle me rendoit ses
complimens. „ Madame, lui ré-
„ pondis - je, soyez tranquille,
„ jamais M. votre fils n'aura que
„ mon amour ; mais mon estime
„ il faut qu'il la mérite......
„ C'est moi qui le souhaite, ma
„ chere enfant.... C'étoit ainsi
que finissoient les plaisanteries
du Comte.

Le Comte ne cessoit d'inven‑
ter de nouveaux plaisirs & de
nouvelles fêtes, pour empêcher
notre départ ; mais enfin le jour
fut pris, & nous partîmes. Le
Comte nous suivit, & nous ar‑
rivâmes tous ensemble au Châ‑
teau de la Duchesse, qui donna
à ma grand‑mere un apparte‑
ment convenable , & un au
Comte. Pour moi je repris le
mien. La Duchesse avoit déja
conçu une estime pour ma grand‑
mere , qui tenoit du respect. Le
Comte avoit repris un homme
d'affaires , & elle ne lui étoit
plus qu'une amie pour laquelle
il auroit tout sacrifié.

J'allai le lendemain voir mon
Abbesse. Quelle tendresse !
Quelle effusion du cœur ! Je
lui fis part de la reconnoissance
de ma grand‑mere, & du dessein
de passer nos jours auprès d'elle.
Nous retînmes nos chambres, &

arbitrâmes

arbitrâmes nos penfions. Je re-
tournai le foir au Château ; je
demandois fans ceffe de concert
avec ma grand-mere la liberté
de nous retirer ; la Ducheffe
n'y pouvoit confentir, le Comte
y mettoit fans ceffe des obf-
tacles.

Un mois s'écoula dans la plus
grande tranquillité d'efprit ; je
m'appercevois, & la Ducheffe
encore plus , que le Comte étoit
rêveur & inquiet. Nous le ba-
dinions fur ce caractere changeant du naturel François ; il re-
cevoit très-bien nos badineries,
& y répondoit avec efprit.Quel-
ques jours fe paffent encore ,
cet air fombre prenoit de nouveaux accroiffemens , il juroit
& peftoit fouvent tout feul ;
mais fon fecret n'éclatoit pas.
Le Comte enfin prit fon parti,
vint nous dire adieu, & nous
prévenir de fon départ pour

Verſailles. Au moment qu'il nous parloit, on lui remit une lettre du Miniſtre, qui le mandoit. Il reprit ſa belle humeur après l'avoir lûë, & partit le plus gaiment du monde.

En arrivant, le Miniſtre lui montra les réponſes de la Cour d'Eſpagne, qui renfermoient des éloges du Gouvernement du Perou ſous les derniers reſtes de leurs Incas; que ſur la Lettre du Miniſtre de France, le Roi d'Eſpagne avoit donné ordre de revoir les piéces du Procès du grand-pere de Sophie, que ſa juſtification étoit entiére, que ſa mort qui avoit paru néceſſaire à la politique de ce tems, avoit été regrettée dans la réviſion du Procès; en conſéquence il lui montra l'Arrêt de juſtification & de réhabilitation du dernier Incas, & de toute ſa famille. A cette juſtification étoit joint

le rétabliſſement de ſa famille
dans tous ſes biens. » Voilà
»les Patentes bien & dûëment
»ſcéllées & ſignées du Roi que
»je vous remets, lui dit le Mi-
»niſtre, entre les mains, que
»vous aurez ſoin de faire enre-
»giſtrer ici, en prenant de la
»part de Mademoiſelle Sophie
»des billets de naturalité auxquels
»ſeront joints les Arrêts de la
»Cour d'Eſpagne, & vous pren-
»drez un Arrêt du Conſeil &
»des Lettres Patentes que vous
»ferez enregiſtrer au Parlement
»& à la Chambre des Comptes.
»Allez trouver un Sécretaire du
»Roi, remettez-lui ces Piéces,
»& qu'il agiſſe de concert avec
»vous. Soyez ſûr de toute mon
»ardeur à vous rendre ſervice,
»le Roi eſt informé de tout ce
»que vous voyez. »

Le Miniſtre lui fit prendre
lecture de la Lettre du Miniſtre

d'Eſpagne, dans laquelle il lui faiſoit part des raiſons qui avoient contribué à la réuſſite de cette affaire. Il n'y avoit qu'une fille ſeule reſtée de ces Rois, & cette fille étoit en France, ſans eſpoir de revenir, que ces circonſtances avoient déterminé le Conſeil du Roi ſon Maître à en agir avec cette autenticité, qu'il étoit chargé d'ailleurs de faire faire l'eſtimation des Domaines du grand-pere de Sophie, & que le fonds évalué, il avoit ordre de faire remettre en France le prix de l'évaluation, que dans peu il en inſtruiroit le Miniſtre de France de la part du Roi ſon Maître.

Le Comte ſatisfait d'une auſſi prompte & auſſi entiere réuſſite, partit pour Paris, exécuta les ordres du Miniſtre, & revint au Château chargé de Pancartes néceſſaires à notre mutuelle tranquillité.

Le Comte arrive, & monte droit à l'appartement de Madame la Duchesse, qui n'étoit pas encore levée. Il fait demander la permission de se présenter ; on la lui accorde avec plaisir.

» Tout est bien changé, Ma-
» dame, lui dit le Comte, ce
» n'est plus Sophie que vous avez
» ici, c'est la Princesse Pallas *,
» fille de l'*Inca - Carata*, ** & de
» la Princesse *Mamachie Cara-
» ta*. *** Quel galimatias, mon
» cher Comte, lui dit la Du-
» chesse ! Rien de plus réel,
» Madame, reprit le Comte,

----

* Nom générique des filles du Sang Royal.

** *Inca*, nom des Rois du Perou, auquel les Patentes d'Espagne avoient ajouté *Carata* pour signifier Seigneur de plusieurs Vassaux.

*** *Mamachie* est le nom des femmes des Incas, auquel on avoit ajouté le surnom de *Carata*, qui signifioit *Gouverneur*, afin de ne plus donner lieu au titre de Roi que signifie *Capac-Inca*.

M iij

» nous vous avons caché fa naif-
» fance & fon nom, dont la
» Princeffe Mamachie fa grand-
» mere a les titres effentiels
» qu'elle a confervés heureufe-
» ment jufques ici.

» Vous fçavez que le grand-
» pere de Sophie avoit été fa-
» crifié aux dernieres révolu-
» tions du Perou ; mais le Roi
» d'Efpagne vient de réhabiliter
» cette famille infortunée. En
» voici les preuves dans cette
» premiere Pancarte de l'Efpa-
» gne. Voici les Lettres de na-
» turalité de la Princeffe Sophie,
» que j'appelle ainfi pour abré-
» ger, & les volontés du Roi
» à cet égard bien & dûëment
» enregiftrées au Parlement &
» à la Chambre des Comptes.
» C'eft ce tout que contient cette
» autre Pancarte que je vous
» remets.

» Ce n'eft pas affez, Madame,

» de vous prévenir de ces ob-
» jets, il faut vous dire que le
» Miniſtre d'Eſpagne a écrit au
» Miniſtre de France, qu'il avoit
» eu ordre du Roi ſon Maître
» de faire évaluer le prix des
» poſſeſſions du grand-pere de
» la Princeſſe Sophie, qui ap-
» partenoient au Roi d'Eſpagne
» à titre de confiſcation, & de
» lui en faire paſſer le prix en
» France. Voilà, Madame, des
» choſes qui vous ſurprennent...
» Mais apprenez encore que le
» Roi a la bonté de s'intéreſſer
» à vous, à la Princeſſe, & au
» zéle que je me fais nonneur
» de porter à toute votre Mai-
» ſon, & à celle des Princeſſes
» que vous aimez avec tant d'ar-
» deur.

Permettez-moi de conſoler
votre cher fils, en lui envoyant
des copies de tout ce que vous
liſez, & de vous prier d'y

joindre votre attestation.

La Duchesse n'avoit ni assez d'yeux pour lire, ni assez d'oreilles pour entendre. Son étonnement fut si grand, qu'elle ne put repondre au Comte. Cependant revenant à elle : » Que „ d'actions de graces vous doit, „ mon cher Comte, cette triste „ & infortunée famille ! Que ne „ vous dois-je point en mon „ particulier, & que ne vous „ devra point mon fils ? Ils peu„ vent donc s'aimer, disoit cette „ tendre Duchesse ; mon or„ gueil n'en peut souffrir ; à pré„ sent le sort de mon fils est „ entre les mains de la Princesse. „ Je peux m'humilier jusqu'à la „ fléchir ; mais je crains la fer„ meté de son cœur..... Mal„ heureux, en apostrophant son „ fils, tu t'es rendu indigne de „ l'amour d'une fille si noble & „ si vertueuse ! Et s'adressant au

„ Comte, la Princeſſe, puiſqu'il
„ faut me ſervir de ce terme,
„ aime mon fils : c'eſt à vos
„ ſoins que je devrai une telle al-
„ liance. Allons, cher Comte,
„ encore un pas, & nous ſom-
„ mes au terme. Mon fils eſt
„ vertueux, s'il peut changer,
„ tout ſera dit, & nous ſerons
„ ſatisfaits. N'en doutez pas, re-
„ prit le Comte, c'eſt une folie
„ qui l'a ſaiſi, je l'ai malheu-
„ reuſement ſecondé. Il faut que
„ je répare ce bel ouvrage de
„ mon imagination, ou bien
„ plutôt celui de ma trop facile
„ amitié.

„ Mais Comte, reprit la Du-
„ cheſſe, comment annoncer ce
„ changement d'état à la mere
„ & à la fille ?.... Laiſſez-moi
„ faire, Madame, je vais les aller
„ trouver, & leur dire que vous
„ les demandez..... Non, dit la
„ Ducheſſe, je vais y envoyer.

„ reſtez auprès de moi. La Du⸗
cheſſe envoya effectivement ſur
le champ ſa femme-de-chambre
nous prévenir que M. le Comte
étoit arrivé, & qu'il étoit avec
Madame la Ducheſſe, qu'on
n'attendoit plus que nous pour
déjeûner. Nous entrâmes. Mais
hé!.... nous ignorions que ſa
Ducheſſe fûtprévenue de notre
condition.

Le Comte ouvrit la porte,
& nous ſalua, non comme au⸗
paravant, mais avec un cérémonial tendre entremêlé de reſpect. Je remarquai ce changement. » Quand on eſt homme
„ de Cour, Comte, lui dis-je,
„ on en reprend aiſément l'uni-
„ forme.....Pardonnez, Ma-
„ demoiſelle, il n'oſa pas dire
„ *Princeſſe*, à mon erreur ſi je l'ai
„ conſervé juſques ici, Madame
„ la Ducheſſe vous en dira da⸗
„ vantage.

La Duchesse nous embrassant
toutes deux avec précipitation,
nous dit : » Pardonnez-moi,
„ Mesdames, si j'ai été aussi libre
„ avec vous que je l'ai parue jus-
„ ques ici, recevez mes excuses;
„ l'état où vous me voyez se
„ ressent encore de ma premiere
„ liberté. Mais, chere Sophie,
„ chere Princesse, je suis votre
„ amie, vous le sçavez, mon
„ erreur fait mon excuse. A pré-
„ sent le voile qui vous cachoit
„ à mes yeux superbes est tombé.
„ Et vous, Madame, en s'adres-
„ sant à ma mere, pardonnez
„ mes erreurs, & honorez-moi
„ de votre amitié.

Ma mere & moi interdites à ce
discours, nous nous regardions
& regardions la Duchesse & le
Comte ; mais moi que rien
n'émeut jusqu'au point de perdre la tranquillité, je repris la parole, & m'adressant à ma chere

Duchesse :„ C'eſt depuis peu que
„ je ſçai ma condition, ma mere
„ en a des preuves conſtantes,
„ je les ai vûës. Mais qu'eſt-ce
„ qu'une Princeſſe malheureuſe,
„ dont la race eſt périe, & dont
„ les précieux reſtes ſont errans
„ hors de leur Patrie ?

„ Raſſurez - vous , ma chere
„ Princeſſe , dit la Ducheſſe ,
„ l'Eſpagne a fait pour vous tout
„ ce qu'elle pouvoit faire ; elle
„ vient de réhabiliter votre nom,
„ votre condition, & vous reſti-
„ tuer les biens de vos ancêtres,
„ notre Roi vous connoît pour
„ telle ; vous êtes ſa Sujette na-
„ turelle Françoiſe , & voilà les
„ titres qui vous confirment ce
„ tout enſemble.

Ma mere prit les deux Pancartes que la Ducheſſe venoit de
lui remettre, elle les lut avec attention, & ſe retournant avec
cet air de grandeur & de recon-

noiſſance du côté du Comte :
„ Voilà votre ouvrage , cher,
„ Comte, que ne vous dois-je
„ point ? Le Comte ſe mit à mes
genoux , me réitéra les témoignages de ſon reſpect & de ſon
amitié.

Relevez-vous, cher Comte,
& ſoyez ſûr de toute ma reconnoiſſance. Je l'avouë, je ſentis
pour la premiere fois ma ſupé-
riorité ; mais ce fut pour en
faire l'offrande à ma chere Ducheſſe. Jugez de la ſatisfaction
avec laquelle nous paſſàmes la
journée.

Quand ces premiers momens
furent paſſés , le Comte reprit
les Pancartes, en fit faire des
copies, & en envoya à ſon ami.
La Ducheſſe y joignit une Lettre
de ſa part, portant les marques
ſenſibles de ſon amitié pour lui,
en lui recommandant ſurtout de
ſe rendre digne de ſa chere

Sophie. Quelles reponses tendres & affectueufes ne reçurent
pas, & fa mere & le Comte !
Il n'ofoit m'écrire, marquoit-il,
& imploroit leur fecours pour
m'en demander la permiffion ;
mais tout fut inutile, l'épreuve
eft la mere de la confiance, difois-je, il a outragé Sophie, la
Princeffe la vengera.

Aux différens difcours que la
Ducheffe me tenoit, elle fe re-
pentoit de l'efpece de mépris
que fon orgueil lui avoit dicté
fur ma naiffance : je faifois femblant de ne m'en pas appercevoir ; elle s'informoit fouvent
de l'état de mon cœur envers
fon fils. Je lui répondois fans
ceffe, que toujours la même,
j'aimerois ce cher fils ; mais que
la crainte d'une vertu encore
trop foible étoit capable de me
détourner de m'unir à lui. Ma
façon de penfer n'étoit pas une

feinte, elle étoit très-profondement gravée dans mon cœur.

Pour me diſtraire de ces dites & redites, je propoſai à la Ducheſſe de me permettre d'aller moi-même apprendre à ſa chere Sœur ces événemens fortunés. La Ducheſſe y conſentit. J'allai à l'Abbaye, où je reſtai huit jours. L'Abbeſſe étoit prévenue par ſa Sœur, & elle avoit prévenu toute ſa Communauté. En entrant je fus reçue avec des marques d'honneur, de déférence & de reſpect. Je ne leur appris rien de nouveau, je le certifiai ſeulement. Mes manieres aiſées que j'avois toujours conſervées, & que je conſerve encore, & encore plus mon amitié pour la Communauté, & ma tendre reconnoiſſance pour l'Abbeſſe, humaniſoient tout cet enſemble, & je paſſai ces huit jours dans cette Abbaye avec la plus grande satisfaction du monde. J'appris de l'Abbesse qu'on ne parloit plus à la Cour que de la Princesse Péruvienne, ou de la Princesse Sophie. Ce fut bien plus fortement quand on y sçut l'arrivée de mes lingots, & que la bonté du Roi de France s'intéressoit à mon état. Ce fut un mois après mon retour au Château, que le Comte partit pour Versailles sur une Lettre du Ministre, qui lui apprenoit que les richesses de la Princesse Péruvienne venoient d'arriver en France, & qu'il l'attendoit pour lui en remettre les Mémoires.

En effet le Ministre remit au Comte l'état de l'évaluation de nos biens que le Conseil du Roi d'Espagne faisoit monter à cent cinquante millions de notre monnoye de France, que l'on envoyoit dans un Vaisseau du Roi d'Espagne & à ses frais, qui

étoit

étoit parti le jour marqué, &
qui devoit arriver le jour qu'il
étoit précisément arrivé. Le Miniſtre lui remit les ordres & les
Etats & Bordereaux partie en
lingots, partie en piaſtres, & les
Paſſéports néceſſaires.

Le Comte partit ſur le champ,
& à peine arrivé qu'on lui remit
les effets ſuivant l'ordre qu'on
venoit d'en recevoir de la Cour
de France, conformément à
ceux qu'on avoit reçus du Gouvernement Eſpagnol.

Le Miniſtre de France avoit
donné ſes ordres pour le tranſport de cette ſomme ; le Comte
ſuivit l'emploi que le Miniſtre
avoit ordre de lui faire faire de
ces fonds, & les intérêts furent
aſſurés.

Le Comte après nous avoir
fait ce détail, remit à Madame
la Ducheſſe toutes les Lettres
que les Seigneurs & Dames de

la Cour, anciens amis de la Duchesse & de son mari, lui adressoient pour lui faire leurs complimens, & l'engager à produire sa chere Sophie en Cour. La Duchesse me les donna. Je les lus sans sentir l'amour - propre se flatter davantage. » Eh bien, „ ma chere Princesse, me disoit „ la Duchesse, il est de notre de- „ voir d'aller remercier le Roi, „ le Ministre & la Cour. C'est „ mon devoir & le vôtre, Ma- „ dame, lui dis - je, je vous „ suivrai. Non, reprit la Du- „ chesse, il faut commencer par „ faire nos remercimens par é- „ crit. » Je voyois par ce conseil la petite ruse de la Duchesse, elle vouloit être sûre de mes dispositions envers son fils avant de me produire en Cour. Mais son fils sans y songer, va bientôt changer la face de ces dispo-sitions.

Pour avoir connu mon état plus tard je n'en avois point changé ; mon caractere n'avoit rien d'inconſtant , je n'avois nulle envie de venir en Cour, mais de reſter chez ma chere Ducheſſe. Ma mere auroit bien voulu paſſer ſes jours avec l'Abbeſſe de * * * * Elle le déſiroit ardemment ; mais la Ducheſſe ne pouvoit ſupporter ſon abſence. Elle reſta donc avec nous. La fin de la Campagne fut auſſi heureuſe pour la France que glorieuſe pour le jeune Duc. Il y avoit acquis le Brevet de Lieutenant Général, & une penſion fort conſidérable ; mais il étoit reſté bleſſé. Le Comte qui nous avoit quitté pour aller en Cour, apprit le premier l'état du Duc, & partit ſur le champ au ſecours de ſon ami. Ce fut lui qui nous apprit les nouvelles circonſtanciées de la bataille , & de la

gloire que son ami s'y étoit ac-
quise. Il nous consola, en nous
apprenant que sa blessure ne seroit pas longtems sans être gué-
rie ; que son mal le plus grand
étoit son amour. Il nous fit le
détail de son caractere, qui étoit
le même qui avoit donné naiss-
sance à la tendresse de mon
cœur. Je souhaitois avec ardeur
que ce dernier article fût aussi
réel que son ami le pensoit.

J'en fus convaincuë peu de
tems après. Le Comte nous apprit le départ du Duc, & le Duc
se présenta à moi en fort bonne
santé. Quelle surprise pour sa
mere, & quel événement pour
moi, en voyant le Duc aussi
grave, aussi sérieusement enjoué,
que je l'avois vû en Angleterre !
Il n'étoit plus question de folie,
d'emportemens, de vicissitudes,
de tumulte & de désordre. Il
nous aborda avec cet air de

franchise & de noble simplicité
que donne la pure nature. Il
s'informa de moi à moi-même,
me demanda mes avis, mes conseils pour les suivre à la lettre,
& sans parler d'amour, il me fit
sentir qu'il m'aimoit réellement.

Je fus surprise de ne point
voir le Comte. Je m'en plaignis
au Duc. « Il est resté à l'Armée,
» me dit-il ; son congé qu'il
» avoit demandé, & qui nous
» a si bien servi, est expiré. Il
» ne reviendra point de l'hyver.
» J'ai eu beau lui dire que le
» congé d'hyver étoit de droit,
» qu'il pouvoit le demander sans
» craindre d'être refusé, il n'a
» pas voulu le suivre. Je vous
» dirai plus, je l'ai revû ; mais
» bien différent de son caractere.
» Je l'ai revû sombre, triste,
» mélancolique, rêveur, cepen-
» dant tranquille ; son cœur
» aime, je ne peux en douter ;

,, mais quel en est l'objet ? C'est
,, ce secret que je n'ai pû arra-
,, cher. Allez, cher ami, me dit
,, le Comte en montant dans
,, ma chaise, profitez de vos
,, avantages, je vous donne une
,, fille adorable. . . . . . L'emploi
,, de mon cœur est fini ; le voici
,, heureusement cessé . . . . . . Ne
,, me demandez rien de plus ;
,, aimez-moi, & parlez quelque-
,, fois de moi à cette vertueuse
,, fille, que vous comblerez de
,, joye en vous présentant tel
,, que vous êtes. Fasse le Ciel
,, que Dieu rende content un
,, cœur si parfait. Pour moi je
,, n'ai plus que des jours mal-
,, heureux à attendre, que la
,, mort me rendra encore le ser-
,, vice d'abréger. . . . . Après ce
discours, ce tendre ami m'em-
brassé, me quitte, & me laisse
partir.

Si je plaignis le sort d'un si

cher Ami, je respectai bien plus
sa discrette passion. Je m'étois
apperçuë qu'il m'aimoit ; mais
il ignoroit que je m'en fusse apperçuë. Alors ne consultant que
mon amitié, je plaignis pour la
premiere fois de ma vie son
chagrin & ses peines.

Le Duc s'apperçut de la tristesse de ma situation, il la prit
pour de l'amour ; je vis son
inquiétude, j'en fus charmée ;
il s'efforçoit de me tirer mon
secret, en me disant, qu'un
„ homme tel que le Comte vous
„ eût fait de plaisir, charmante
„ Sophie ! . . . . Oui, Duc, lui
„ repartis-je, si je l'eusse aimé,
„ ou qu'il me fût possible de
„ changer. Le Comte n'eut ja-
„ mais part à mon amour ; mais
„ quand il en eût été autrement,
„ l'orgueil de sa naissance se fût
„ abaissé sous la noblesse de mes
„ sentimens ; & content de pos-

„ féder Sophie, jamais la Prin-
„ ceſſe du Perou ne l'eut enor-
„ gueilli. Ce trait réfléchi le perça
juſqu'au fonds de l'ame ; mais
bien loin de me répondre par ces
expreſſions communes & toujours romaneſques, ce trait fut
pour lui un aiguillon qui le porta à fe rendre de plus en plus
digne de mon eſtime.

Le Duc parfaitement rétabli,
partit pour Verſailles, & alla
faire & fa cour & ſes remercimens. Il fut reçu avec toute la
joye poſſible, chacun à l'envie
lui fit compliment & fur fa
gloire & fur fon rétabliſſement,
& fur la Princeſſe Sophie que
l'on ſçavoit qu'il aimoit éper-
duement.

Le Duc fit fa cour au Mi-
niſtre, auquel il fit part de fon
amour pour moi, & de mon
caractere. » Elle m'aime, elle
„ me l'avoue, & retarde notre
„ union,

„union, lui dit-il, jufqu'à ce
„que mon mérite la touche
„allez pour me recevoir entre
„fes bras. J'ai fait une terrible
„pénitence ; mais le plus dur
„eft d'être fans cefle avec elle,
„fans pouvoir lui témoigner
„que je l'aime. Cela eft bien
dur effectivement , mon cher
Duc , lui répondoit le Miniftre ;
mais comment faire ? Il faut
prendre patience. Au furplus,
vous ne vous repentirez jamais
de fuivre fes confeils ; car vous
n'êtes pas reconnoiffable. Je
vous ai vû fou, extravagant,
& propre à faire le fecond tome
du Marquis de * * * Je ne crains
pas de vous dire que je ne fon-
dois point pour votre maifon
d'heureufes efpérances ; mais,
mon cher Duc, à préfent vous
êtes un homme, & bientôt vous
ferez homme parfait. Croyez-
moi, fi jamais le Roi vous parle

de la nouvelle Princesse Péruvienne , répandez votre cœur
devant lui ; s'il vous écoute,
vous sçavez sa bonté, dites-lui
que vous n'avez d'espérance
qu'en lui ; après cela laissez-le
faire.

Le conseil du Ministre étoit
de saison ; car l'occasion se présenta le surlendemain. Le Roi
parla au Duc de ses amours,
& qu'il seroit charmé que ce
mariage se fit. Le Duc saisit ce
moment, suivant le conseil du
Ministre, & le Roi après l'avoir
entendu, lui dit que ce caractere là ne lui paroissoit pas facile à manier, que cependant il
y réfléchiroit, & qu'il seroit fort
aise de me voir parvenir à mes
fins.

Le Roi en parla au Ministre,
qu'il laissa le maître de trouver
des expédiens propres à la réus-
site, & même de faire enten-

dre que cette alliance lui feroit
plaisir, qu'il avoit même eu ce
dessein dans le tems de la né-
gociation d'Espagne.

Le Ministre convint avec le
Duc, que lui Duc s'en retour-
neroit chez sa mere, & qu'il
inviteroit au bout de quelque
tems sa mere de venir à Versailles, sous le prétexte de la
nécessité de venir présenter les
Princesses, & faire au Roi leurs
remercimens en personnes.

Le Duc revint, & quelques
jours après la Duchesse reçut
une Lettre du Ministre, qui lui
écrivoit qu'il avoit été surpris
de ne l'avoir point vûe en Cour
depuis que son fils avoit mérité
les bontés du Roi, & depuis
tous les services que lui-même
avoit rendus à ses cheres Amies;
enfin que le Roi lui avoit té-
moigné qu'il étoit surpris de ne
nous point voir.

La Duchesse fut contrainte de suivre ces ordres, & pour rendre cette reconnoissance parfaite, elle voulut que la Princesse Sophie l'accompagnât. Je ne m'en dispensai point, c'étoit mon devoir. Je suivis donc ma chere Duchesse en Cour, avec ma mere.

Je ne vous parlerai point des amitiés qui furent faites à ma chere Duchesse, ni des honneurs & des respects qui furent rendus à ma mere & à moi au premier coup d'œil, enfant de la curiosité & du céremonial, auquel le cœur ne prend aucune part, je vous dirai seulement, mon cher Sécretaire, que le Ministre nous reçut avec cet air d'engagement, cette politesse, ces égards, & surtout avec cet air de grandeur, de noblesse & d'affabilité que vous lui connoissez. Il s'engagea de nous préfenter au Roi, ce qui fut fait le lendemain.

Que je fus charmée, je l'a-vouë, de me trouver en la préfence d'un Souverain, dont le cœur & le caractere étoient le tableau réel des Rois de notre Nation! Après nous avoir écoutées avec bonté, il nous répon-dit avec cet air touchant que fon naturel fçait imprimer, & que les expreffions ne peuvent peindre. Ah! s'il eût vû dans ce moment mon cœur à découvert, il pouvoit ordonner au lieu de nous prier comme il le fit de fonger à la pénitence trop longue que fubiffoit le Duc qu'il aimoit de tout fon cœur. Avez-vous mis un terme, Mademoifelle, me dit-il, à la peine qu'il fouffre? Siré, lui répondis-je, Votre Majefté fe rend-elle garante de fes proteftations? Oui, reprit le Roi avec précipitation,

& d'un ton de douceur qui
m'enchanta. Cela étant, Sire,
lui dis-je, ordonnez, s'adreſſant
ſur le champ à la Ducheſſe &
à ma mere. Meſdames, leur dit
le Roi, je vous remets mes
droits, & vous ne pouvez me
faire plus de plaiſir que d'accé-
lérer les événemens.

Le Miniſtre préſent à cet en-
tretien, parut au comble de ſa
joye. Il nous enmena chez lui,
& nous y paſſâmes la journée.

La Cour ſçut bientôt la bonté
du Roi à notre égard, & que
mon mariage avec le Duc étoit
arrêté. Toute la Cour vint nous
en faire compliment ; mais nous
ne vîmes aucun parent du Duc
& de la Ducheſſe. Nous avons
ſçû même qu'ils avoient fait
leur poſſible pour en empêcher
la concluſion ; mais arrêtés par
la volonté décidée du Roi, ils
convertirent leur colere en mé-

pris & en dérifion fur nos conditions, infinuant que tout ceci
n'étoit qu'un reſſort qu'on faifoit jouer pour rendre l'alliance
avec le Duc leur parent un peu
moins difforme.

La Ducheſſe s'en plaignit
hautement, & demanda juſtice.
Le Roi appaiſa toute cette ani-
moſité que la jalouſie des grands
biens avoit occaſionnée. Peut-on
trouver des ames ſi baſſes, difois-je, auprès d'un Roi ſi gé-
néreux ? Mais le jeune Duc ne
prit pas les choſes dans le même
point de vûe. Il étoit à la Terre
de ſa mere, où nous l'avions
laiſſé ; le Miniſtre s'étoit chargé
de lui faire ſçavoir tout ce qui
ſe paſſeroit. Il étoit impatient de
nous revoir à Verſailles ; mais
le Miniſtre arrêta avec ſa mere
le moment de ſon arrivée. La
Ducheſſe écrivit donc à ſon fils
tout le détail de notre réception,

les bontés du Roi, & l'honneur
dont le Miniftre nous combloit.
Il n'étoit point queftion de fa
famille, elle ne lui en parloit
point. La Ducheffe lui avoit
mandé les arrangemens de fon
mariage que le Roi avoit formé,
& le confentement que j'y avois
prêté; & par une derniere Lettre
concertée encore avec le Miniftre, elle lui marqua qu'on
n'attendoit plus que lui. Sa mere
me prévint de fon arrivée. En
effet il vola fur nos pas. Je le
vis à mes pieds, ce cher Amant
que bientôt l'amour & l'hy-
menée alloient unir à ma tendreffe. Le Miniftre l'annonça au
Roi, qui le prévint du plaifir
que cette union lui faifoit. Il lui
rendit témoignage devant lui &
devant fa Cour, de toutes les
qualités qu'il avoit cru avoir
remarquées en moi, & le féli-
cita d'avoir trouvé le chemin

d'un cœur tel que le mien.

Le Miniſtre dreſſa lui-même
les articles de notre Contrat de
mariage. J'y ſouſcrivis , & ma
mere auſſi ſans en prendre aucune lecture. Il ſe chargea de le
préſenter au Roi pour le ſceller
de ſon contentement ; en notre
préſence , ce Roi charmant eut
la bonté de nous réitérer ſa ſatisfaction aux yeux de toute la
Cour , & m'engagea à venir inceſſamment y prendre une place
digne de mon rang , de ma condition & de ma gloire.

Ce fut après avoir quitté Sa
Majeſté , que le Miniſtre de retour chez lui , fut obligé de
nous dire que le Roi lui avoit
conſeillé de nous prévenir de
faire ce mariage *incognito* dans le
Château de la Ducheſſe , & de
nous en dire les raiſons , dont
la ſource étoit attachée à la baſ-
ſeſſe des ſentimens de la famille

de la Duchesse. Le Duc retint son ressentiment, un geste de courroux lui échappa, moi seule je m'en apperçus : aussi je pressai notre départ ; le Ministre secondant l'apparence de mes intentions, nous fit partir, & peu de-tems après notre retour au Château de * * * * nous fûmes unis, le Duc & moi, des liens indissolubles de la tendresse la plus parfaite.

La Duchesse tranquille & coulant des jours heureux, étoit au terme de sa vie ; une fièvre lente que nous attribuâmes aux fatigues de corps & d'esprit qu'elle avoit essuyées la surprit ; elle fit tant de progrès, que nous craignîmes pour ses jours. Hélas ! nous n'avions que trop raison de nous abandonner à ces craintes ; car trois mois après notre mariage elle mourut entre mes bras. Passons sur cet article.

légérement , cher Confident ,
mes larmes qui coulent encore
vous en apprennent allez.

Cette mort nous avoit empê-
chés de nous rendre en Cour ,
il falloit même attendre la fin
du deuil. Il continue encore ,
vous le voyez allez à mon ha-
billement.

Au Printems dernier, quelques
jours après la mort de ma tendre
Duchelle, mon cher Duc mon
cher Epoux fut obligé de retourner à l'armée. Il partit ; mais
à peine arrivé, qu'il y trouva le
plus grand des ennemis de fon
mariage, fon plus proche parent
du côté de fon pere, & qui avoit
animé les autres. Cet homme
haut & fier l'aborda au Camp
avec ce ton impérieux qui tran-
che du mépris. Tous les Seigneurs qui étoient avec lui s'en
apperçurent ; le Duc feul fit femblant de ne pas entendre. Mais

celui-ci recommençant avec plûs de force, crut qu'il pouvoit impunément attaquer un Amant qui fembloit préférer fa vie à la nobleffe de fe venger. Ce fut pour lors que le Duc prit la parole, avec autant de ménagement que fon parent étoit infultant. » Il y a longtems que » je cherche, dit-il, l'auteur in-» folent des difcordes de ma fa-» mille, je le trouve heureufe-» ment..... Vous entendez la » refte, M. de * * * * Ce ton impofant fit rougir l'aggreffeur; mais le rendit plus vain. Il demanda l'explication de la réponfe du Duc. Celui-ci lui tourna le dos, & fe retira. Les Seigneurs qui étoient reftés avec l'aggreffeur, lui firent remarquer que le Duc ne prenoit point le chemin de fa tente ; mais qu'il s'éloignoit du Camp, qu'ainfi fa retraite étoit le fignal de la

vengeance. En effet après deux
à trois cens pas le·Duc se re-
tourna pour voir si ce parent
le suivoit, & attendit. On re-
marqua de loin cette attitude,
& l'aggresseur ne put en douter.
Il partit ; cependant voulant s'excuser, les autres le regardoient.
Voyons s'il sera brâve, disoient-
ils, il est bien téméraire. Les Seigneurs voyant ce détour le quit-
terent, & se placerent en haye
pour voir quel parti il prendroit.

L'aggresseur fut obligé de prendre son parti, & de suivre le
Duc, qui le voyant venir continua son chemin. Quelques Seigneurs voulurent être témoins
de loin de cette action. Ils virent
en effet, que le Duc sorti du
camp marchoit à pas lent, &
qu'il s'arrêta dès qu'il vit l'aggresseur à sa portée. A peine se
furent-ils joints, que le Duc
renfonçant son chapeau, & apos-

trophant son parent d'un air de
mépris : » Voyons, lui dit-il, si
» vous soutiendrez la gageure
» aussi vaillamment que vous
» avez l'art d'insulter un parent
» que vous tentez de deshono-
» rer. L'aggresseur parloit si bas,
que les Seigneurs ne pûrent l'entendre. Enfin les deux épées bril-
lent, se rencontrent, l'aggresseur
pressa vivement le Duc, para tous
les coups de fureur avec tranquillité ; mais dans un instant le
Duc s'appercevant que l'ardeur
de son adversaire faisoit les derniers efforts, il lui passa son
épée au travers du corps, & le
jetta roide mort sur la place, &
remettant son épée avec la même
tranquillité, s'en revint au camp,
où il trouva ces mêmes Seigneurs réunis au même endroit.
Il en reçut des témoignages sin-
ceres d'amitié & de félicitation,
en lui assurant qu'ils ne l'avoient

pas quitté de vûe. Bientôt la Cour & le Roi furent informés de cette action ; les Seigneurs témoins envoyerent la relation de cette querelle tragique, & la famille eut beau se plaindre, elle fut contrainte de se taire.

Je n'appris cet événement que longtems après. Heureusement que ce fut le Duc lui-même qui m'en apprit le sujet. Mais peu de tems après se livra ce combat général qui paroiſſoit décisif contre nos ennemis. Vous ſçavez cette fameuse bataille, où quantité de Seigneurs ſcellerent leur mort de la gloire la plus rare. Mon mari y fut dangereuſement bleſſé & fait priſonnier. Depuis ce tems incertaine de ſon ſort, appréhendant les parens de ce cher Epoux, renfermant ma douleur dans moi-même, ne ſçachant à qui m'adreſſer, j'ai pris le parti de venir

moi - même à Verfailles, pour
rrouver quelqu'un qui pût me
tirer de mon erreur. J'aurois
bien pû voir le Miniftre ; mais
je n'ofois de peur d'y être ren-
contrée. J'étois arrivée très-tard
en Cour, la veille que vous m'a-
vez vûe dans ces bofquets ; je
rêvois à ma douleur, & aux
expédiens lorfque je vous ai vû,
mon cher ami.

A préfent fervez-moi, & voyez
fi vous ne pouvez pas me donner des nouvelles d'une tête qui
m'eft fi chere.

Ce récit manié avec l'art de
la plus naturelle élégance que
poffédoit cette charmante Ducheffe, me pénétra de la plus fincere vénération. J'adorois cette
femme, je plaignois fes infortunes. J'aurois voulu aux dé-
pens de mes jours, la délivrer
de cette cruelle inquiétude. Je
promis tout, & mon départ fut
fixé

fixé au furlendemain , parce qu'elle voulut employer le lendemain à écrire & à me charger de fes Lettres fecrettes.

Il y avoit déja quinze jours que j'étois avec la Duchefle de * * * * & je ne m'imaginois n'y être que depuis une heure . . . . . Patience , Mefſieurs , nous dit l'Orateur, Dieu y mettra ordre, j'y refterai plus d'un mois ; car le lendemain cette tendre Epouſe reçut une Lettre de fon mari, qui lui apprenoit qu'il venoit d'arriver à Lyon en fort bonne fanté , & qu'il comptoit arriver auprès d'elle le lendemain qu'elle auroit reçu la Lettre qu'il lui écrivoit , ne pouvant encore trop fe hâter & fe livrer à l'ardeur de fes défirs, qui le tranfportoient déja dans fes bras. Cette tendre Epouſe baifa mille fois cette Lettre, qu'elle arrofoit de larmes ; mais de larmes de

joye & de satisfaction. Serez-
vous charmé, mon cher Sécretaire, de revoir mon Epoux,
me dit - elle. Je lui témoignai
l'attachement parfait que j'avois
voüé à toute sa famille. Ne me
quittez donc pas , mon cher
ami. Je l'en assurai, & je restai.

Ce moment si désiré arriva
enfin. Ils se voyent, ils s'em-
brassent, leurs cœurs se con-
fondent, & tous deux ne font
qu'un. Le Duc étoit encore pâle ;
mais ses blessures étant guéries,
ses forces avoient repris le des-
sus depuis qu'il voyageoit. Il
avoit amené avec lui son Chirurgien, qui ne le quittoit pas.
Enfin au bout de quinze jours,
le Duc fut entierement remis.
Tout ce tems fut occupé à raconter les accidens malheureux
qu'il avoit essuyés. Non, disoit-
il, ce n'est pas l'ennemi qui m'a
blessé au combat, c'est un meur-
trier envoyé par ma famille ;

car on ne peut être plus achar-
né à ma perte que j'ai vû cet
horrible assassin. J'étois au rang
des morts, percé de mille coups,
c'est à mon Chirurgien à qui je
dois la vie, c'est un Anglois. Il
me voit sur le champ de bataille,
il lui semble que je respirois,
il m'emmene parmi les siens,
examine mes blessures : n'en
trouvant aucunes de mortelles,
il prend généreusement soin de
moi. Je suis prisonnier, il me
conduit en Angleterre, où on
a pris de moi un soin extrême.
Dès que je pus prononcer un
mot, je déclarai mon nom ; le
Roi d'Angleterre en est informé,
il envoye sçavoir de mes nouvelles, & donne ses ordres à un
favorable traitement. Rien ne m'a
manqué. Les Seigneurs d'Angleterre me visitoient à l'envie, &
ne me quittoient pas. Ils m'a-
voient vû combattre, & c'est

d'eux que je tiens qu'ils igno-
roient l'ennemi, ou plutôt l'af-
faffin qui me pourfuivoit.

Je n'ofois vous écrire, difoit
ce tendre Epoux à fa chere Sophie, de peur de vous en dire
trop ou pas affez. Je n'ofois
prier quelqu'un de le faire pour
moi, de peur d'irriter votre
douleur. Enfin je n'ofois confier
mes Lettres à la pofte, craignant
quelque furprife....... Je vous
revois donc, interrompit la Ducheffe, mes larmes font ceffées;
je vous revois en bonne fanté,
mes défirs font fatisfaits, je vous
revois tendre, que puis-je fou-
haiter?

Après ces explications, le Duc
fit attention à ma figure, & femblant me reconnoitre, il s'adreffa
à fon Epoufe pour l'aider à me
retracer. La Ducheffe prit cette
occafion pour lui raconter fa
douleur, fes terreurs, fes inquiétudes & fes projets, & en-

suite tomba sur notre rencontre: Ah ! cher ami, dit le Duc, restez avec nous, reprenez ici auprès du fils, non la qualité que vous aviez auprès du pere, mais celle de mon ami. Je vous remenerai à Versailles quand nous serons en état d'y aller, après que le cérémonial du deuil de ma mere sera passé. J'acceptai cette offre avec plaisir ; mais quelques jours après je reçus des Lettres de la maladie de ma sœur, & bientôt de sa mort. Je ne pus rester plus longtems ; mais le Duc assez rétabli pour venir en Cour, me ramena ici avec lui.

Je sçai que tous les préparatifs se font pour amener ici la Duchesse, & bientôt vous l'y verrez: pour lors vous ne vous imaginerez plus que ce soit un Roman que je vous ai débité, MM. ; mais une histoire très-véritable. Ajoutez , dit un de nous , & histoire très - remarquable. Un autre fit compliment à l'Orateur, & ajouta, M. le Sage a eu le secret de renvoyer les événemens françois à la Cour d'Espagne, & notre Orateur celui de citer à la Cour de France des événemens d'Espagne. Vous avez raison, dit un troisiéme, & cette histoire figureroit bien avec celle des Amadis des Gaules. Que vous importe, repris-je à mon tour, que cette histoire soit des Jardins de l'Escurial, où du Parc de Versailles, elle n'en est ni moins charmante, ni moins à rechercher. Pour moi j'en suis satisfait au dernier point. Pensez-vous, repliqua un homme grave, que c'est insulter de front les loix de notre Société, ce ne sont point des romans que nous exigeons ; mais des faits réels. Vous a-t-elle amusé, MM. interrompit l'Orateur. Nous lui répondîmes que oui, C'étoit tout mon but, repliqua-t-il. Que l'histoire soit fausse ou réelle, c'est *le cadet de mes soins.* Là-dessus l'Orateur nous quitta, & toute la compagnie se retira ; toutefois convention faite pour le lendemain, & l'Orateur indiqué.

En rentrant à mon auberge, on me rendit une Lettre de Paris qui me pressoit d'y retourner, pour affaires survenues de la derniere importance pour moi, & qui ne pouvoient souffrir le moindre retard. J'allai le lendemain matin me présenter aux Bureaux, où l'on m'assura que l'on travailloit efficacement pour moi. Je dis que j'avois affaire à Paris, & que dans peu je serois de retour.

En effet j'allai à Paris mettre ordre aux affaires qui m'avoient fait quitter Versailles. J'y restai près de quinze jours, au bout desquels je rejoignis la Cour & le lieu de la séance. J'eus beau attendre, perſonne ne venoit ; je voyois viſages nouveaux, & je me croyois dans un nouveau monde.

J'allois me retirer, lorſque je trouvai mes trois amis enſemble, *Denargue, Recimer, & Muſcale.* Je les abordai. Ils me demanderent d'où je venois, ce que je leur appris de ſuite ; mais qu'eſt donc devenue la Société, leur dis-je ? Elle n'eſt plus, me dirent-ils, le quartier eſt changé. Je ne ſçavois ce que cela vouloit dire ; mais ils me l'expliquerent, en me diſant que l'on ſervoit ici par quartier ; & comme ces trois amis reſtoient toujours à Verſailles, je les priai de me continuer leur amitié ; & depuis ce tems juſqu'à la fin de mon affaire qui me réuſſit le plus heureuſement du monde, je n'ai vû & connu qu'eux à ma grande ſatisfaction.

Fin de la ſeconde & derniere Partie.